U0519976

International Relations
3rd Edition

国际关系 第三版

〔澳〕斯特芬妮·劳森 著

李敏 王玥 译

商务印书馆
The Commercial Press

译自 International Relations (Third Edition), by Stephanie Lawson

Copyright © Stephanie Lawson 2017

The right of Stephanie Lawson to be identified as Author of this Work has been asserted in accordance with the UK Copyright, Designs and Patents Act 1988.

This edition is published by arrangement with Polity Press Ltd., Cambridge.

All rights reserved. Except for the quotation of short passages for the purpose of criticism and review, no part of this publication may be reproduced, stored in a retrieval system, or transmitted, in any form or by any means, electronic, mechanical, photocopying, recording or otherwise, without the prior permission of the publisher.

本书中文简体翻译版授权由商务印书馆有限公司独家出版并发行销售。未经出版者书面许可，不得以任何方式复制或发行本书的任何部分。

致利萨·阿黛尔、詹姆斯·科菲、托马斯·格兰杰、安娜贝利·格雷丝和凯托·马克西姆斯

目 录

前　言 ··· 1

致　谢 ··· 3

第一章　国际关系概论 ··· 1

第二章　世界历史上的国家 ·· 18

第三章　国际关系理论 ·· 40

第四章　20世纪的国际关系 ··· 65

第五章　当今世界的安全与不安全 ································ 87

第六章　全球治理和世界秩序 ······································ 109

第七章　国际政治经济 ··· 128

第八章　全球化世界下的国际关系 ······························· 150

第九章　结论：存在后国际世界吗？ ···························· 169

参考文献 ·· 175

前　言

与第一版和第二版相同，本书包含了国际关系研究中的一些重要问题和理论方法。从世界历史上国家的发展过程和发展理论到一些当代热点问题，如安全问题、世界秩序、国际政治经济以及全球化现象，这些内容为读者理解国际关系提供了历史和社会背景。第三版还强调了一些更为广泛的主题，如国际关系学科的规范化趋势；任何特定的政治形式都不是固定或永恒的这一事实；含国际领域一切政治关系和政治制度的社会性质；以及国内、国际鸿沟的问题性质。前两版本中出现的主题，即社会生活中"自然"的观念在多大程度上融入了政治理论和世界观，值得进一步深入探讨。例如，基于种族、性别或阶级的自然等级制度在西方和非西方的各种思想体系中都很明显。除了突出这些广泛的主题之外，本书不支持任何特定的理论方法，而是让读者思考每种不同方法能够带来什么内容。

第二版的组织方式与第一版略有不同，包括专门针对国际关系理论和国际政治经济学的章节。而第一版将这些问题的讨论与一般叙述相融合，第三版保留了第二版的结构。事实证明，这种结构更适合国际关系入门课程学习。尽管以这种方式对文本进行了更为传统的编排，但它保留了第一版的叙事风格，包含了很多历史元素，展现了思想与实践的跨时空性。这种方法使那些几乎没有或根本没有国际关系知识基础的读者，或泛泛研究政治的读者，更容易掌握基本要点与思路。自第二版出版以来，在过去四年左右的时间里，第三版也得到了全面的更新，以说明此期间的重要发展，并在多处进行扩展性详细论述，适应新发展需要。然而，正如前几版中所述，这不是一本简单的只关注此时此地的著作，而是关注历史学家费尔南·布罗代尔称之为"长时段"（Longue durée）的作品。这正契合了我的观点，即现在不应该被理解为是刚刚发生的过去，而应该被理解为是人类历史过程的产物。话虽如此，但我清楚地知道政治思想史、国际关系理论化和国际政治经济学的复杂性等领域的覆盖面必然是有限的，这是对任何复杂主题做"简短介绍"的共性。然而，我在每一章的结尾处注明了相关文献的参考资料以及进一步的阅读资料，提示读者哪里可以找到更详细的信息和分析，并在每章提出问题，旨在帮助学生思考。

另一个我非常清楚的问题是种族中心主义，这一问题在正文中只做了部分论述。或者更为准确的说法是国际关系学科中的欧洲中心主义及其所关注的问题，理论化的形式以及衍生的知识。来自世界各地整整一代国际学生参加了我的课程，反过来也贡献了他们的见解，这无疑为我阐明了这个问题。当然，"欧洲中心主义"不仅仅是"欧洲"的产物，现在也来自北美、澳大利亚和新西兰，这些国家共同构成了"西方"。欧洲中心世界观的历史主导地位是一个问题，可能会在学术界和其他领域保持一段时间，因为知识的生产仍然主要发生在西方。但随着世界各地新的权力中心、影响因子和学习中心在全球范围内出现，这一情况开始发生变化，并将最终重塑或至少重新定位人文科学和社会科学所有学科。另一个需要考虑的事实是，西方本身正在发生重大变化，因为其成员国在过去几十年中向数百万移民开放了边界，在这一过程中，他们变得更加多元化。在我自己的国家澳大利亚，自1945年以来，各种移民（和难民）计划吸引了来自150多个国家约600万人。而海外出生的人口约占总人口的25%，其中许多来自欧洲国家，但中国和印度现在已成为主要来源。这是一个与我从小长大的国家截然不同的国家。

致 谢

第一版是1998年至2006年期间我在英国诺里奇东安格利亚大学期间创作的，我必须再次承认，除了我自己的学科知识，包括哲学、历史和社会学，我还从与那里的同事和学生的学术交流中获益。从那时起，我主要在悉尼麦考瑞大学研究政治和国际关系。在那里，我又一次幸运地找到了支持我的同事以及那些有热情并积极参与的学生们。有了他们，第二版和第三版的创作变得简单了很多。使用本书之前版本的学生和教师的反馈也非常宝贵。

最后，特别感谢政体出版社所有工作人员，他们参与了每个版本的制作，感谢他们的专业精神和大力支持。特别是路易丝·奈特，她第一个建议我写一篇简短易懂的国际关系概述，既容易理解，又引人入胜，不过分简化该领域。这是一项艰巨的但却非常有益的工作。

第一章　国际关系概论

人们往往需要通过那些带来重大变化的决定性历史事件，实现对世界政治的反思，特别是大规模的暴力事件，如 21 世纪的世界大战及近来的"反恐战争"。大规模的暴力威胁突出反映了主导世界政治四十余年冷战时期的动态。为了阐释第一次世界大战的原因及和平条件，出现了国际关系（International Relations，IR）概念，此后一直成为人们关注的焦点。尽管早期的关注点主要集中在国家战争和国家行为体的作用上，但我们同时也需要关注各个国家内部发生的事件。因为这些事件尽管表面上是"国内"事务，但在国际领域产生了非常深远的影响。

然而，暴力并不是瓦解国际体系的唯一因素，经济因素也起到了重要的作用。从 1929 年的经济大萧条到当代的金融危机，国际关系显然受到经济灾难的严重影响。而当代的另一个挑战与全球环境相关，全球变暖导致气候变化，人类及地球上的其他物种未来何去何从，成为目前人类需要关注的严峻问题之一。特别是在现代工业主义出现以后，人类活动对地球产生了诸多影响。许多人相信我们正在步入或已经步入了一个崭新的地质时代——"人类世"（Anthropocene），我们在后面的文章中会看到。

我们从一开始就需要注意的是，所有问题的研究都有深刻、规范的基础支撑，即从伦理视角阐释世界应该如何（或不应该如何）。这个主题为整本书的讨论奠定了基础，并强调了这样一个事实：对国际关系的研究不能仅限于描述事件和编写事实。

世界政治时代

目前的世界政治所处的时期通常被称为"后9·11"时期,以2001年9月11日发生在纽约和华盛顿区恐怖袭击事件的主要影响为标志。这些袭击事件引发了阿富汗战争,同时也为2003年美国及其盟国入侵伊拉克提供了理由。被美国前总统乔治·布什及其政府称之为"反恐战争"的"入侵",其影响仍然在中东、北非及其他地区长期存在。笔者认为,当前人们对世界政治局势变化的认识亦受其影响。

目前我们仍然感觉处于"后冷战时期",因为虽然我们现在处于新千年,"冷战"也正在迅速消退于历史之中,但是1989—1991年两极世界秩序的瓦解标志着长达四十余年的超级大国竞赛的结束,并以美国作为霸权国家亮相而达到高潮。这些变化本身就对目前所处的政治时期进行了部分界定。有趣的是,通常来说,"冷战"时期本身就被称为"战后"时期,而1918年至1939年间则被称为"两次战争期间"。因此说来,大规模的战争,无论是热战还是冷战,基本贯穿了整个20世纪。在那个时期,太多人因暴力和冲突而死去,因此20世纪同时也被公认为是最血腥的世纪,这种说法也许是恰当的。

另一种概念化当前时期的方法是参照全球化进程。虽然全球化现象已经有数十年的印迹,如果称不上几个世纪的话,它已经以前所未有的方式捕捉到了公众的想象力。正如一位作家所评论的那样,全球化的思想本身已经全球化了(Giddens,2003,p.xi)。一部分原因可以理解为"冷战"的结束仍留有很多空白需填补。根据人们对世界政治的不同看法,全球化的观念有多种解释。

全球化和资本主义经济发展通常与西方联系在一起,但亚太地区的活力,尤其是过去几十年中国经济的飞速发展引发了大量猜测,认为21世纪将会是"太平洋世纪"(Borthwick,2007)。尽管印度在减少贫困人口数量和缩小不平等差距方面尚未取得重大进展,但印度在过去十年中也建立了雄厚的经济基础,成为全球经济的又一重要引擎。实际上,其贫富差距在不断扩大，尽管其经济飞速发展、现代化程度日益加深且日益融入全球资本主义经济体系。

20世纪90年代电子通信的迅速发展进一步推动了全球化思想，其中互联网和万维网像许多经济领域的全球化一样，似乎使边界变得模糊，因此国内和国际之间的差别变得毫无意义。电子技术的进步使得大量信息的访问几乎瞬间完成。如今国际关系的研究人员有机会接触到书籍、媒体报道、博客、视频、数据库等各种电子资源。电子技术使维基解密等网站得以实现，然而这些网站却入侵了高度机密的政府官方通信数据库，从而引发了外交界信息安全的重大危机。"网络攻击"对信息安全、甚至对整个公司乃至国家政府的组织和管理系统的安全来说都会造成严重问题。

更广泛来说，我们也应该考虑我们这个时代的决定性因素——其延续了几个世纪从广泛的政治、社会和经济角度为当代世界秩序奠定了基础——也就是现代性。对于学习国际关系的学生来说，现代性的起源通常可以追溯到17世纪的欧洲。那个时期，欧洲主权国家开始逐渐形成。现代性也与科技发展、工业化兴起以及对大自然的征服欲不可分割地联系在一起。从更普遍的角度来说，现代性的诞生往往要追溯到文艺复兴和人文主义思想的兴起，因为这代表了中世纪基督教解放思想的早期时刻。但现代性与被称为"启蒙运动"的知识分子运动密切相关。这场运动被称为"定义了'现代性'的概念，并且通常被认为是社会科学的源头"（Hall，1996，p.4）。

在18世纪和19世纪欧洲和美国的革命中，"现代性"也得以充分体现。在这种情况下，现代性意味着拒绝传统权威的方方面面，包括宗教和政治权威之间的联系。这意味着将世俗主义确立为政治组织的一项基本原则，这一原则不等同于无神论（正如人普遍错认为的那样），而是与宗教信仰或无宗教信仰自由相结合，这又导致了宗教机构与国家机构的分离。由于其具有进步性，能从过去的束缚中解脱出来，怀抱着人类解放的积极愿景，因此现代性也具有强大的规范性维度。最重要的是，现代性促进了人类普遍的理性思想，因此它从技术和人文两个层面直接融入当代全球化项目中。实际上，全球化可能被视为是现代化高级阶段的代表。对于某些人来说，这一切都是件好事。这意味着我们正处于人类进步的历史阶段，其或多少地从进化的意义上来说是向更高、更好的生存阶段发展。然而，有些人则认为，更广泛的社会、经济和政治环境正遭受到一种全球化现代性的破坏。这种现代性破坏了当地的多元文化、价值观和生活方式。

此后，人类工业活动对自然环境产生了一定影响，正是自然环境才带来了"人类世"时代。"人类世"这一术语最早由保罗·克鲁岑提出。他在詹姆斯·瓦特发明蒸汽机的同一时期，即18世纪后期的冰核中获取数据并发现大气浓度有所升高，我们称之为温室气体（Crutzen and Stoermer, 2000）。科学文献中"人类世"这一概念日益广泛地传播开来，而其所描述的现象似乎将取代"全新世"（Holocene）。"全新世"通常可追溯到约11000年前最后一个冰河时期的结束，并出现了一段时期适宜各种人类及现代工业文明蓬勃发展的气候条件。而事实是，目前核战争仍有可能会导致人类和地球上其他生命的灭亡，可能是即刻灭亡，也有可能是之后核冬天的长期影响。这些及其他形式的战争（如化学战和生物战）都对环境造成了严重威胁，引起人们对气候变化的重视。这些气候变化是因为长期的大规模碳排放以及现代工业化造成的地球矿物和水循环的重大变化而造成的。

在对现代性做了简单介绍后，接下来本书将介绍一些与后现代性相关的观点，这些观点近年来对社会科学和人文科学产生了重大影响。后现代主义本质上是一场知识分子运动，拒绝现代性中理性的肯定，尤其是西方文化的"宏大叙事"所宣称的当今普遍真理。事实上，对所有奇异的真理和权威来源以及政治和社会规范及其基础都应该持怀疑态度（Sim, 2005, p. 3）。而且，不能将全球化视为大规模的统一、同质化或整合的力量正在努力以现代西方的形象来塑造整个世界。后现代主义倾向（并且确实希望）西方霸权的长期衰落、全球体系的日益分化以及建立多个权威中心。因此，这是一个与众不同的视角，即世界在21世纪和未来可能会如何发展。

国际关系领域

"国际关系"一词并非都这么简单直观。当其资本化并且缩写为IR时，它指代着大学的一个学术研究领域,通常被称为"国际政治"、"世界政治"或"全球政治"研究。国际关系一般可归类为经济学、社会学和人类学,是一门社会科学,与历史、法律和社会哲学密切相关。虽然国际关系的焦点与政治紧密相关,但它却处于不同的知识和学科研究的交叉点。

有人认为,国际关系属于更"科学"的领域,因此它应遵循适当的社会科学方法。这种观点反映了一种趋势,即对一般学科和社会科学应该如何理解的实证主义阐释。这种倾向在美国尤为明显,因为第二次世界大战之后,这门学科的发展方式更倾向于量化技术的实证主义方法论。在说英语的其他国家,如英国、加拿大、南非、澳大利亚和新西兰,这种表现并不明显。研究者和学术界往往采用所谓的定性、历史/阐释途径,有时被称为"后实证主义"。而在学术界其他领域,情况则非常复杂。这两种不同的方法或方法论也支持国际关系理论化方式,我们在第三章中会继续说明。

现在将焦点转移到国际关系研究内容上,其并没有想象得那么简单。狭义上来说,国际关系可以表示对国家之间关系的研究(即国家或主权国家与构成联邦制度国家的不同)。从更广义上来讲,国际关系表示跨越国界的基于国家行为者之间的相互作用,尽管这些行为者包括各种非政府或非国家行为者和组织。值得密切关注的是,国家体系作为一个整体,被广泛认为是为国际秩序提供必要基础的国际体系。无论是采取狭义还是广义的理解,中央机构仍然是国家。的确,可以这样说,整个传统国际关系的大厦是建立在现代主权国家以及国内和国际政治领域之间的区别的基础上的。

这可能看起来很简单,但一些理论家反对强调国家和国内/国际的区别的观点,并要求更多地关注非国家行为体在全球政治领域中的重要作用。此外,关于合适的研究对象不仅存在很多争议,甚至在命名该主题所使用的术语时也存在分歧。除此之外,争议问题还包括主权性质、安全意义、世界秩序概念、国际范围内规范和价值观的作用、国际机构的作用、人性观念、有效的国际法、"国际"关注的问题、"战争"和"和平"的定义方式、结构和代理人在世界政治中的相对重要性、种族中心主义问题(尤其是欧洲中心主义问题)等。这些争议不出意外地反映在相互矛盾的理论和方法论上。这进一步提出了一个问题,即国际关系的研究目的究竟是什么。当然这个问题的答案不止一种。

一个标准的国际关系文本应以世界构建为不同国家的起点,"学习国际关系的主要原因是世界上所有的人口被分为独立的政治社区或独立的国家,这极大地影响人们的生活方式"(Jackson and Sørensen, 2007, p. 2)。这是关于世界组织形式的一个简单描述,而不是人们应该如何生活,或者从规范意义上讲,是政治组织方面最好的说明。然而,在同一本书中,更为具体的规范性目的是这样表述的:"至少有五种基本的社会价值观是国家通常所期望坚持的:安全、自由、秩序、福利和正义。"(同上,第3页)

第一种说法假定国家和国际国家体系对国际关系学科的绝对中心地位,因此反映了一种非常传统的方法。然而,第二种说明中提到的关于价值观的广泛规范性关切与冷战后期阶段所制定的所谓新的国际关系议程格格不入,并且远远超越对国际战争的强烈关注(及其预防措施),其特征在前期国际关系中有所体现。回顾在冷战时期撰写的国际关系书籍的序言,你会发现在这个时期全球范围均面临灾难性核战争的威胁,这在世界政治的观点中尤为突出。以下就是一个明显的例子:

> "与核武器抗争的第三次世界大战将涉及我们每一个人并且至少会摧毁每个大陆的大片地区。政策决策人员以及军事战略家们从来没有对其致命性产生过任何怀疑。因此,对于国际关系的研究不仅仅是一项学术活动,更是一项实际生存机会的调查,或者更确切地说是学者和知识分子试图确定如何避免由所谓的政治精英发起的集体灾难,这些政治精英按照一定的原则行事,追求某些所谓的国家利益。"
> (Krippendorff, 1982, p. vii)

战争问题是整个20世纪国际关系的主要实践重点——但不仅仅针对任何类型的战争。尽管战争可以用几乎涉及任何类别的团体(Goldstein, 2001, p. 3)的"致命群际暴力"来界定,而且排除地缘政治边界,国际关注的普遍焦点一直是国家间的战争及其预防措施。另一个有用的概念是"战争系统",其定义为"社会群体参与潜在或实际战争的相互关联的方式",从而构成"一系列事件,而不是一个随着时间的推移具有连续性的系统"(同上)。对战争的关注包括内战在内并未消失,但是国际关系的"新议程"现在涵盖了全球环境问题(仍包括核问题)的政策问题:全球健康问题(如致命病毒感染的流行病学和其他疾病)、合法和非法移民(包括难民运动)、全球南北之间财富和贫穷的差距、民主化和全面的人权(从公民权利和政治权利到发展权)、联合国及其机构改革、国际法的延伸和起诉危害人类罪、恐怖主义、宗教原教旨主义以及国际有组织犯罪活动(从毒品生产和贩运到洗钱以及从事濒危物种、钻石和非法毒品到武器和人员等各种商品走私)。

在1990—1991年海湾战争后的头十年,重大国际战争的可能性极小。然而,中东地区的长期不稳定以及"9·11"事件之后,美国乔治·沃克·布什执政期间的超级军国主义立场,得到了托尼·布莱尔领导下的英国等主要盟国的支持,引发了更多的关注。奥巴马当选总统后,美国官方的言论发生了转变,试图将美国及其盟国与中东冲突转移,并通过更多地与亚太地区的接触来"重新平衡"美国的外交政策。这在很大程度上是失败的,特别是自叙利亚爆发内战以及伊斯兰国家及其分支的崛起以后。

值得强调的是,对于国际关系的研究而言,内战和"内部冲突"的影响更为普遍。这些冲突每年在全世界夺走数千人的生命,并为一些最严重的基本人权侵犯行为(包括酷刑、性暴力、残割和平民屠杀)提供环境。尽管这些冲突据称控制在国家范围之内,但其影响远远超出了国界,因此为国际和平与安全的关切事项。目前造成内部冲突的一个主要问题是国内大量的人流离失所或被迫离开本国去临时或永久寻求避难,而这只是国内和国际领域之间存在问题鸿沟的一个方面。

更普遍来说,这些冲突被视为具有重大的人道主义问题,"国际社会"对此承担"道义"责任。愤世嫉俗的观察人员们可能会争辩说,"国际社会"通常只有在电视摄像机周围才能向全球传达人类苦难的景象。2015年9月,土耳其海滩上发现了一名溺水身亡的叙利亚小男孩的尸体,当时其家人试图乘船抵达希腊。这一惨剧激起全球各地明显的情绪反应，呼吁联合的人道主义行动来帮助寻求庇护者。这种反应被称为"CNN 效应"。这种效应下，实时通信技术能够"引发国内观众和政治精英对全球事件的热烈讨论"（Robinson，1999，p. 301）。社交媒体通过这些事件及其景象可以立即在全球范围内实施"病毒式"传播。无论动机如何，各种人道主义行动均可以采取简单的形式：捐助资金协助救济工作、组织难民营和 / 或在愿意接受难民营的国家重新安置难民、尝试国际调解、实施制裁、有时以维持和平的形式进行人为干预，但前提是要保持某种形式的和平。

然而，人道主义干预也成为发起战争的旗号。北约在 1998—1999 年科索沃战争中对塞族部队进行的军事干预就是一个明显的例子。联合国安理会授权在 2011 年 3 月对利比亚进行袭击，目的是保护卡扎菲部队统治下的反叛地区的平民。但这一切的目的是通过彻底推翻卡扎菲来实现政权更迭。然而，2003 年美国领导的伊拉克干预则完全不同。它的初衷是，伊拉克拥有大规模杀伤性武器，因此在萨达姆·侯赛因的流氓领导下，对国际和平与安全构成威胁。这一理由被人道主义所取代，在入侵之后，很明显伊拉克没有这种武器。由于未经联合国安理会批准，这一干预措施的合法性仍然值得怀疑。有些人可能会认为，如果不能执行关于利用世界上最强的军事实力进行武力干预的国际法，那么国际法就毫无用处。但是，正如一位学者指出的那样，这并不意味着如果没有这样的法律体系，世界会变得更好。即使在伊拉克，这套法律也可以提供一个"衡量美国行为有效性的标准"（Scott，2010，p. 113）。

内战或内部冲突往往涉及"身份政治"，在这种政治中，宗教、族裔或文化因素在引起争端和保持争端方面发挥着主要作用。卡尔多（2012，p. 5）将身份政治定义为"基于特定身份——无论是民族、氏族、宗教还是语言——的权力主张"。在将身份政治引发的暴力冲突描述为"新战争"现象时，她将动力与以前"旧战争"的地缘政治或意识形态目标进行了对比。在这些场景下，身份更多地与国家利益或关于如何更好地组织社会的前瞻性项目联系在一起，而不是追溯到对过去的理想化和怀旧的描述上（同上）。近年来，世界各地从以色列 / 巴勒斯坦到卢旺达、苏丹、斯里兰卡、印度尼西亚、所罗门群岛和许多其他地方的冲突都表现出鲜明的身份政治特征。所涉及的暴力行为包括所罗门群岛骚乱、抢劫和相对较小的死亡人数以及卢旺达和苏丹达尔富尔地区的种族灭绝大屠杀。一些冲突涉及少数群体对民族自决权的主张,有时以国家内部群体的更大自治权的形式,但通常是从现有国家的分离来创造一个新的国家。其他人可能基于这样一种观念,即一个特定群体拥有控制现有国家的优先权。在所有这些情况下,国家以奖励或者目标为焦点。我们在后面的章节中将进一步说明民族自决权以及在民族自决权旗号下提出的主张。

在冷战结束后不久,塞缪尔·亨廷顿发表了一篇关于"文明冲突"的挑衅性文章(Huntington,1993),随后也对地区或全球规模的"文化战争"的可能性进行了大量讨论。这种"冲突"是冷战时期意识形态大冲突的继承者,一方面代表自由民主和资本主义经济的力量,另一方面是共产主义对政治、经济和社会应该如何组织以实现更大利益的愿景。另一篇著名文章的作者将自由民主和资本主义的胜利称为"历史的终结"。从某种意义上说,能够引发严重国际冲突的最后一次意识形态大冲突已经结束(Fukuyama,1989)。亨廷顿认为世界历史以其他令人不安的方式继续着。他认为最强大、最有可能相互冲突的文明实体,一个是"西方",另一个就是伊斯兰-儒家联盟。一些批评家认为亨廷顿的观点是危言耸听和/或基于对身份政治性质和文化作用的错误假设。然而,鉴于"9·11"袭击引发的危机和战争,亨廷顿的一些观点似乎具有实质性价值。这一点有待我们在后续章节中进一步讨论。

总的来说,从环境恶化问题到种族冲突问题,上述许多问题已经存在了几十年甚至更长时间。但现在的不同之处在于,这些问题普遍与国际关系和外交政策共同体相关。例如,人为的环境变化至少与大规模州际战争的可能性一样引起广泛关注。对于非洲的许多地方,个人和社区面临的威胁不仅来自内战,也来自于疾病。近年来,艾滋病毒和埃博拉病毒是其中最受关注的病毒之一,但就某些地区的死亡人员而言,更为致命的是蚊子传播的疾病,如疟疾。疾病将影响全球范围内人类的健康生活,例如1918—1919年的流感大流行造成的死亡人数就超过了第一次世界大战。另一个需要考虑的问题是，国家安全现在很少受到外部力量的严重威胁，相反而是来自内部。自冷战结束以来，这些安全问题已经逐步凸显出来，以至于安全概念正在经历重大转变。我们在后面将会看到，"人类安全"而不是"国家安全"的概念现在尤为突出。

定义国际

近年来，有一种趋势是用各种替代词语来取代"国际关系"一词——"世界政治""全球政治"或者有时是无形的"国际研究"。这些通常被认为涵盖问题更广泛，更适合当代时期。标题中既有"世界政治"又有"国际关系"的主要文章的作者更加重视前一个术语，因为他们的兴趣是"世界政治和政治模式，而不仅仅是民族国家之间的政治和政治模式"（正如术语"国际政治"所指的那样）。此外，他们关心的是公司之间的关系，这些公司可能是国家的或非国家的（比如跨国公司、恐怖组织或非政府组织），例如那些处理国际人权问题的组织（Baylis，Smith and Owens，2014，p. 2）。另一份题为《全球政治导论》的文章将主题简单地定义为"主权国家和非国家行为者之间的政治互动"（Mansbach and Rafferty，2012，p. 577），因此提出了类似的观点。尽管本书保留了这门学科更传统的名称作为标题，但分析还是基于这样一种认识，即这个领域确实不仅仅是国家之间的关系，因此我在指出当代国际关系的一般主题时也使用了术语"世界政治"或"全球政治"。

相比于"世界政治"，术语"国际研究"更为跨学科化。在某些理解中，它根本不是基于任何一门学科，而是包含来自几乎所有人文科学、社会科学和自然科学的观点，无须将这些观点同化为对世界或其任何特定部分的特定政治研究。国际研究通常包括区域研究（例如东南亚研究、非洲研究或欧洲研究），其中可能包括语言、文化习俗、跨文化关系、历史、地理等方面的研究。这些显然与当代国际关系有很大关联，但后者因其对国际或世界政治问题的关注而与众不同。更一般来说，鉴于国际关系建立在一个叫做"国际"的领域，更详细地研究"国际"的含义尤为重要，因为这是一个基本术语争议的核心,它对国家如何定义和定位国际关系具有深远影响。

英国法律和政治理论家杰里米·边沁(1748—1832)于1780年首次创造了"国际"一词,作为拉丁短语"ius gentium"(Suganami,1978)的同义词。虽然这大体上可翻译为"国家的法律",但边沁一直在追寻法律在国家之间而不是国家内部更为完善的运作机制。在创造这个词并将其应用于国家之外和国家之间的领域时,边沁一方面强化了主权民族国家的法律地位并巩固了国家内政之间的政治-法律区别,另一方面巩固了与其他国家在本国以外的某一独特领域的关系。当这种情况发生时,主权国家本身可以被完全概念化为"国家"和"国际"的典型的政治单位。

国内/国际、内部/外部之间的区别多年来一直被视为世界秩序形成方式的合理准确体现。但最近因为其用于掩盖更为复杂的现实而广受诟病。世界各地发生的政治、社会和经济互动——超出了国内领域——显然涉及的不仅仅是国家间的关系。在金融、贸易、制造等国际业务中,这似乎是显而易见的。在政治和社会层面,它最初可能不那么明显,但仍然存在大量不涉及国家本身的活动。非政府组织本身就是国际行为者。其中包括参与慈善援助、环境问题、人权、宗教活动和和平倡导的组织以及致力于不太有价值目的的组织,例如移民敲诈勒索、洗钱、武器走私、非法毒品交易、非法倾销危险废物、恐怖主义等。

"国际"一词也因传达了"民族"而不是"国家"层面上的相互作用而招来非议。虽然术语"民族"和"国家"经常被混为一谈,但它们表示两种截然不同的实体。前者或多或少指的是"一个民族",可以被定义为"一个占据家园、拥有共同神话和共同历史、共同公共文化、单一经济以及所有成员的共同权利和义务的命名群体"(Smith,2001,p.13)。相反,"国家"的概念在法律-体制术语中被定义为"一组自治机构,有别于其他机构,在特定领土上拥有合法的强制和开采垄断权"(同上,第12页)。"民族-国家"一词反映了一种理想状态,这是世界秩序理论的核心,至少就传统的国际关系而言是如此。理想情况下,"民族"(可以理解为"人民")应该与"国家"相匹配。尽管几乎每个国家都有少数民族和移民群体,但了解世界的一个简单方式是将国家等同于一个单一的、没有区别的人民——例如,俄罗斯等同于"俄罗斯人",印度尼西亚等同于"印度尼西亚人",埃及等同于"埃及人",巴西等同于"巴西人"等。民族主义本身就是一个国家的意识形态,因为其确定了各国家的人民。在一本世界政治图册中,开篇第一幅图名为"当前世界政治边界",毫不意外地反映出这种传统方式:

> 国际体系中,国家为最重要的组成部分。国家的边界是世界政治分裂的主要来源。对于大多数人来说,民族主义是政治认同的最大源头。(Allen,2000)

因此,一个人的"国籍"是根据他生活或来自的国家来定义的,这可能与他的出身或血统无关。在美国、加拿大、南非、澳大利亚、新西兰以及英国和其他欧洲国家尤其如此,这些国家现在拥有大量的移民人口。许多拉丁美洲国家的混合群体基本也是如此。但是,国籍也可以与种族和文化的概念密切相关,就像日本的情况一样,第三代在日朝鲜人无法获得正式的公民身份和所有具有该地位的权利。一般来说,国家和民族应该在一个主权政治空间内完全统一的想法代表了一种理想状态。这种理想状态经常出现在"民族自决权"的主张中,并被证实是现代国际关系理论和实践中最有争议和最困难的问题之一。

绘制国际

在当代世界政治地图中共包含 192 个国家,从阿富汗到津巴布韦,用对比色标出,边界清晰,这一切既熟悉又自然。但如果你出生于 30 多年前,你应该还会记得这样一张地图,其包含的国家极少——尤其是在苏联地区。如果你出生在 20 世纪早期,你可能还记得世界政治地图的另一个版本,展示了世界各地众多粉红色的国家。这些国家代表了大英帝国——后来变成了后帝国主义国家联合体,由大约 53 个国家组成,几乎所有这些国家都是英国殖民地。然而，英国国王仍然是英联邦的首脑，因此在后帝国时代有资格获得"职位"。

值得注意的是，政治边界和组织单位没有永久性，也不一定有什么"自然"的地方——即使一个国家位于一个独立的地理空间内，比如一个岛屿，或者两个国家之间的边界是河流或山脉。政治边界的建构并不遵循永恒的自然法则，这种自然法则不可磨灭地铭刻在地球表面。边界，例如代表国家之间分歧的边界，是社会政治结构。这意味着它们是由人类设计的，并反映了特定时间点的特定社会政治利益、需求、目的和权力分配。因此，国家及其边界经常被形容为"文化和历史上特定的"实体，这意味着它们出现在特定的社会政治背景下的特定历史时刻，反映了政治世界的社会建构而非自然规定的特征。

这些观察结果可以作为对现代国家及其制度具有普遍性和永恒性的理论的补充修改。因此，尽管国家及其边界——如同任何社会或政治机构一样——可能会持续很长一段时间，但并不能永久存在。正如它们是由人为力量创建的那样，因此现在或将来也有可能会被同一力量修改或拆除。而且，从最广泛的层面看，关于国家的国际体系本身也不能免受重大变化的影响。即便如此，主权国家模式和它所引起的关于国家的国际体系在当代也很少受到质疑。

国家体系国际化

在战后时期发生非殖民化时，毫无疑问，前殖民地将承担所有正式主权国家的全部相关事物，包括新成立的联合国的加入资格，以及议会或总统民主制度的困境。"独立"相当于在国际国家体系中获得正式、公认的主权国家地位。随着新时期国家的扩散，非殖民化实际上可以给予正式的国家机制一个显著的推动力。事实上，非殖民化在欧洲形成四百年后，有效地带来了现代国家体系的全球化。

鉴于殖民经历的性质以及经常通过斗争和牺牲实现独立这一事实，主权国家在前殖民时期热情高涨，并且此后一直受到被嫉妒的保护也就不足为奇了。尽管如此,在独立性方面的主权国家地位,虽然最初承诺很多,但有时对前殖民时期的许多人来说实现的可能性很小。冷战期间,大多数前殖民地被统称为"第三世界"。这一术语用来描述那些选择与冷战超级大国保持不结盟(至少是正式)的国家,现在已经失宠了。当代越来越常见的术语是"全球南方"(Global South),这是相对贫穷和不发达国家的简写,这些国家大多位于赤道以南。虽然他们现在拥有与第一世界国家(大部分位于北半球,但经常被归类为"西方")的正式主权平等,但这几乎没有以任何其他方式将他们置于平等地位。

当一个国家似乎无法向其人民提供基本安全,更不用说服务时,这个国家通常被描述为"失败的国家",尽管这个术语也已经不再流行,"脆弱的国家"(fragile state)这个术语通常更受欢迎。总部设在美国的和平基金会开始编制"脆弱国家指数"(Fragile State Inden),根据维持国家最基本功能和提供"可持续安全"的能力(或缺乏能力)对国家进行排名。2015年排名最低的国家是南苏丹(也是世界上最新成立的国家),而排名最高的是芬兰(Fund for Peace,2015)。虽然许多前殖民地国家的领导能力差,往往导致国家在许多方面的脆弱性,但也必须考虑到帝国主义遗留问题。例如,欧洲殖民国家带着各自的目的划分非洲大陆。在许多情况下,地图上的直线标出的边界没有考虑当地社会政治组织或情况(Ndlovu-Gatsheni and Mhlanga,2013)。大多数殖民地政府不能加强重要国家能力。在独立时,本地精英们负责掌控国家,这些国家包含了不同的群体,并且只有提供服务的能力,尽管大多数新国家精英培养了能够压制内部争端的安全部队。还有分析认为,虽然欧洲殖民主义肯定是一个因素,但非洲前殖民地的遗留问题仍然是理解当今非洲国家面临的困难的关键,长期存在的对人口稀少的大片地区持续控制问题(Herbst,2000)。

虽然第二次世界大战后殖民帝国正在衰落,新的主权国家正在全球崛起,但西欧各国走上了一条完全不同的道路。在这里,欧洲区域一体化或区域化的过程也在战后初期得到了解决。这个过程在深度和宽度方面持续进行。许多人认为这会使欧洲国家性质发生根本变化,特别是在主权国家和自治政治地位有所削弱的方面。然而,欧盟(EU)公认取得了成功,它激发了世界各地区域一体化的尝试,从拉丁美洲到东南亚和非洲(Lane,2006,第九章)。

讽刺的是,西欧是一种地方主义的发源地,有些人认为这可能取代主权国家作为世界秩序的主要组成部分。因为在这里,主权国家首先成为一种政治共同体。标准的历史参照点是威斯特伐利亚和约(1648),这是在天主教和新教势力之间政治化的宗教对抗煽动的三十年战争之后制定的,其中包括王朝和帝国的冲突。威斯特伐利亚和约不仅是现代国家的模板,而且也是基于欧洲国际国家体系的一种秩序形式。事实上,国际体系经常被描述为"威斯特伐利亚体系",不可侵犯的主权原则构成了该体系的一个关键要素,尽管对这一概念历史出现的这种解释并非毫无争议(Osiander,2001,p. 251)。三百年后,在另一场与威斯特伐利亚相距不远的恶性战争之后,欧洲运动开始积聚足够的动力,破坏了理论和实践中的主权原则。

全球化国际化

随着区域化,全球化现象被许多人视为改变当代世界政治、社会和经济关系的主要动力,尽管不一定是积极方面。虽然有些人认为它对繁荣至关重要,但其他人认为它对经济危机、环境破坏、不平等加剧和许多其他弊病负有责任(Bourguignon,2015,p. 1)。全球化作为一种超越单纯的"国际"的力量,具有其固有的中央集权主义基础,也被视为破坏了传统的主权国家,使其边界变得毫无意义,其政府在冷战后胜利的全球资本主义时代无能为力。但是,国家能力真的下降了吗?是否有过多关于超全球主义的炒作?是否有一个黄金时代,至少有一些国家拥有对国民经济和社会和政治关注的关键领域的真正控制权?另一个值得注意的问题是,国家有灭亡的可能性也许是一件"好事"。后续章节中会进一步讨论。

另一方面,当代全球主义涉及全球治理。这种表达可能不够准确,可以泛指任何事情,这取决于人们的想法。总的来说,我们至少可以说,这关系到如何以及在何种权力下,在地方、区域和全球各层面管理和组织世界的复杂性,以及这些复杂性是如何相互作用的。它还涉及权力如何在各个层面由不同行动者运作以及系统如何发生变化（Weiss and Wilkinson, 2014, p. 207）。人们往往倾向于将全球治理等同于"世界政府"，这一术语意味着世界上所有的政治单位都归一个权威管理机构管辖，比如联合国。但这是一个严重的误解。尽管美国和其他地方的一些极右翼边缘组织的成员相信联合国是世界政府奴役体系的预兆，但联合国并非如此。只要其基本原则之一仍然是主权国家体系的神圣不可侵犯性，这也不太可能——尽管这在冷战后由于明显愿意参与或认可可能违反国家主权原则的"人道主义干预"行为而有所缓和。

虽然联合国不是一个世界政府，但它显然是一个主要的全球治理机构，此外还有许多其他有助于全球组织和监管的正式和非正式机构，其中包括联合国及其他机构，以及世界贸易组织（WTO）和跨国公司组织等。更具体来说，后者经常被称为"全球经济治理"的一部分。这些组织中有许多是在国际法框架内运作的，如果没有它，实际上很难运作。一般地说，条约法是许多国际法运作的关键标准，包括贸易、环境和军备控制（Scott, 2010, p. 143）。全球治理还包括各种非政府组织以及分散的社会运动和国际人权制度等规范制度，其中包括行动主义、人道主义援助、条约等。实际上，在全球治理的许多表现形式背后，尤其是后一种形式，有一个独特的规范性主题，它将共同关注、需求和利益的共同人性概念放在首位。简而言之，全球治理的规范方面代表着一种超越"国际"的共同利益的取向，这反映在国家边界的绘制和国际国家体系中对国家主权原则的传统关注点，其包含了秩序和正义的全球伦理。因此，无论是全球化作为一项进程还是全球治理作为一套正式和非正式制度化的做法，都可能被视为在一个更大的框架内吸收或包含了"国际"，这个框架被称为包罗万象的"全球"领域。

结论

如开篇所述，本书的一个主题涉及该学科的深刻规范性。在第一次世界大战的可怕经历之后，国际关系正式成为一个研究领域。因此，国际关系的研究目的是以非常集中和协调的方式研究战争的起因和和平的条件。虽然自那时以来世界发生了很大的变化，并且国际关系学科随之而来，但这种规范性目的仍然是一个核心问题。但本章也表明，国际关系的范围和描绘世界的方式现在受到很大的争议。前面讨论的另一个重要主题是政治关系以及经济关系本质上是社会关系。这同样适用于国际领域的关系，也适用于国内领域的关系。我们将在下一章中研究作为政治共同体的国家的世界历史发展时进一步讨论这一主题。

扩展阅读

Carlsnaes, Walter, Thomas Risse and Beth A. Simmons (eds) (2013) *Handbook of International Relations* (2nd edn, London: Sage).

Lawson, Stephanie (ed.) (2002) *The New Agenda for International Relations: From Polarization to Globalization in World Politics?* (Cambridge: Polity).

Roach, Steven C., Martin Griffiths and Terry O'Callaghan (2014) *International Relations: The Key Concepts* (3rd edn, Abingdon：Routledge).

Turner, Bryan S. and Robert J. Holton (eds) (2016) *The Routledge International Handbook of Globalization Studies* (2nd edn, Abingdon: Routledge).

Williams, Andrew J., Amelia Hadfield and J. Simon Rofe (2012) *International History and International Relations* (Abingdon: Routledge).

讨论问题

- 如果说国际关系学科建立在规范性的考虑之上，这意味着什么？
- 对国际关系主题的研究是否在很大程度上取决于主权国家之间的相互作用？
- 全球化对当代国家制度的影响是什么？
- 了解现代性现象对研究国际体系有多重要？
- "全球治理"和"世界政府"有什么区别？

第二章 世界历史上的国家

自国际关系学科创立以来，现代主权国家为国际关系的研究奠定了基础，国际关系体系通常被视为一种国家体系。更为广义讲，国际关系在很大程度上定义了大多数人看待世界的方式以及他们在其中的位置。传统意义上，世界上的安全与身份、存在与归属问题，如同包围着人们生活的主要社会和政治制度一样，都存在于现代国家中。但是到底什么是"国家"呢？它是如何产生又是为何产生的？它有什么功能或用途？它会始终作为国际体系中的主要政治制度处于中心地位吗？或者，是否有其他机构和组织形式使国家变得越来越无关紧要，或者也许改变它以及改变我们所熟悉的国际体系？

对许多人来说，国家和关于国家的国际体系都被认为是理所当然的，他们甚至可能没有想到会提出这样的问题。然而，在当今时代，国际关系的基本制度一直备受争议，人们对现代国家和更广泛的关于国家的国际体系的有效性越来越怀疑。当然，现代主权国家提供的模式并没有很好地服务于某些地区，后殖民时期非洲和中东的历史证明了这一点。其中许多国家，特别是撒哈拉以南的非洲的国家，被称为"失败的"或"脆弱的"国家，但究竟失败的原因在哪里，是个别国家的问题还是模型本身的问题，这个问题尚未解决。除了关注以上提到的问题外，还重点关注了国内、国际贫富差距的问题性质。本章的目的不是回答这些议题涉及的关键问题，而是为读者提供一个广阔的历史视角，关于从人类最初形成定居社区的时候起，国家是如何发展起来的。同样重要的是，本章讨论了几个世纪以来国家政治思想的发展。还考虑了随着时间的推移，不同国际体系的构成方式。正如我们将看到的，帝国是国际体系的一种非常常见的形式，而主权国家体系在国际舞台上则出现较晚。

本章利用"世界历史"法研究人类社会。它为窄口径、只关注当代问题，没有考虑到历史发展广阔背景的国际关系研究提供了解决方案（Christian，2003，p.437）。另一位历史学家表示，世界历史法不仅有助于我们理解人类是如何从相对较小、简单的结构开始，最终发展成为像现代国家这样的大型复杂实体，而且有助于"描绘出特定类型政治组织存在、生存或灭亡的条件"（Melluish，2002，p.329）。这也与历史社会学家所采取的方法相一致。社会学家强调，国家不仅"存在"，而且是根据特定的历史环境而出现的。（Hall，1986）

前现代世界中的国家和帝国

最简单地说，国家是政治共同体的一种形式。政治共同体包括习俗，规则以及其他权威机构的共同政治框架，它涉及一个领地范畴，因为这些共同体生活在地球表面某一特定部分，并对其拥有控制权。这表明一个政治共同体和与之相邻的政治共同体之间或多或少地存在着可辨别的界限。对于边界的界定，无论是社会边界还是地理边界，都不需要非常严格。几千年来，边界既可渗透又可移动。尽管如此，定义一个国家的要素，特别是在其现代形式中，是其疆界和领土。那些与特定领土没有相同固定关系的共同体（如游牧共同体）通常被排除在"国家"的定义之外，即使它们确实构成了一种政治共同体。因此，虽然所有国家都可能被定义为政治共同体，但并非所有政治共同体都具有国家的形式。历史上也有各种各样的国家形式。世界历史法不仅突出了国家形式的多样性，而且还强调了一个事实，任何一种国家形式都不是固定或是永恒的。

最早的共同体在狩猎者中形成。他们构成的小团体在规模上通常不比家庭大多少。尽管这些团体确实形成了一种政治团体，但他们不一定拥有固定领土的控制权。这是随着农业和畜牧业的发展而产生的，农业和畜牧业需要一块特定、长久的土地。事实上，动植物的驯化通常被认为是"文明"出现的先决条件。这种情况在欧亚大陆、非洲大陆和美洲大陆上更为常见。在没有植物和动物物种可以被驯化的地方，如澳大利亚，狩猎仍然是生存的唯一选择。社会和政治组织遵循了这一模式，即缺乏社会等级制度和正式制度为特征的小群体，几乎所有资源都是共享的。

考古及其他证据表明，从狩猎到定居生活的转变大约始于一万年前。一万年对于人类历史来说是相对较短的时间。尽管早期的游牧共同体一定有机制来调解本群体与不可避免发生联系的其他群体之间的关系，但大多数研究共同体关系，即国际关系的作者，并不认为这些都在他们的职责范围之内。相反，这种分析的出发点是人们在固定地点定居下来。这不仅为国家提供了基础，也为国家系统提供了基础。

世界各地都发现了古代文明的遗迹，以及一些小的政治团体，它们要么成为帝国的组成部分，要么独立存在。并非所有都留下了书面记录，但即使是一些口传的历史，如波利尼西亚的岛屿社会，连同考古资料，也提供了他们早期社会政治制度的见解，以及对该地区不同政治团体之间关系的一些看法。前哥伦比亚中美洲和安第斯美洲的玛雅文明、阿兹特克文明和印加文明在绘画书籍、口述历史以及城市遗迹方面留下了丰富的素材。其他国家，如中国、印度河流域、中东、非洲部分地区和地中海周边地区，留下了大量的文字资料供历史学家用来重建过去。

帝国的历史遗产同样重要。帝国是大规模的政治实体，由一些中央集权控制的小型政治团体组成，通常靠武力统一。事实上，虽然与如今国际上的国家体系有明显不同，其基础是成员国之间的主权平等理论，但古代帝国仍属于国际体系。相比之下，古代和现代的帝国在形式上主要以统治和从属关系为特征。已知最早的帝国均位于底格里斯河、幼发拉底河和尼罗河河系周围。它们的地理位置表明，成功的农业所需的环境与建立稳定的政治团体之间存在一定的联系。这片广袤的土地孕育了苏美尔帝国、古埃及帝国、巴比伦王国、亚述帝国和波斯帝国，这些帝国在公元前4000年至前400年间繁荣发展。这些帝国对权力的控制方法各不相同，有的直接控制小国及属国，而有的则采取间接的统治方式，允许地方团体有一定的自治权，只需按时进贡即可（Stern，2000，p.57）。

非洲大陆，现代人类最早出现在10万年前的地方，也见证了它的帝国变迁。埃及的早期帝国，非洲北部的库什人和迦太基人，以及西非的加纳帝国、马里帝国和松海帝国都具有重要意义。加纳帝国兴起于公元4世纪，一直持续到13世纪被马里帝国取代。与加纳帝国相比，马里帝国要大得多，从大西洋延一直伸到廷巴克图市东部，廷巴克图市是一个主要的学习中心，在那里书籍和图书馆演变成"学术、财富和权力的象征"（Singleton，2004，p.1）。马里帝国鼎盛时期，土地面积约40万平方公里，人口数量约达到4000万到4500万。16世纪，马里帝国被松海帝国取代，两个帝国的领土范围十分类似。非洲南部，穆塔帕和罗兹维帝国分别产生于15世纪和17世纪中叶，后来罗兹维帝国取代了穆塔帕帝国。尽管穆塔帕帝国据说覆盖了当今南非、莫桑比克、赞比亚、马拉维和坦桑尼亚的大部分地区，但这两个帝国都位于津巴布韦高原及其周围（Ogot，1999，p.315）。这些只是出现在非洲的一部分帝国，在那里，帝国实际上是一种非常普遍的国际体系形式，尤其是在北部和西部地区，这些地区也与伊斯兰教的传播有关（Fage and Tordoff，2002）。

再往东，印度河流域的古代王国共同构成了一个广泛的文明实体，印度教宇宙学和梵语为该地大部分地区提供了一些基本的文化凝聚力。然而，这几乎阻止不了王国与其他政治群体之间的战争，包括寡头统治以及共和国。公元前300年，孔雀帝国在北方建立。虽然它持续了不到一个世纪，但声誉很高，主要是因为它的一位主要领导人考提利亚撰写了一部关于治国方略的高深著作《政事论》（*Arthasastra*），这部著作对此后数个世纪有着深远的影响。*Arthasastra* 的字面意思是研究获取领土、守护领土并使其繁荣昌盛的方法和手段。它被比作马基雅维利关于治国之道的著作，因为它描述了统治斗争中残酷的"现实主义"（Boesche，2002）。但它也被称为世界上第一本政治经济学手册：*Arthasastra* 翻译为"财富科学"（Trautmann，2016，p.2）。

所有帝国中，版图最大、时间最久的是中国。中国人和古希腊世界观的一个有趣的比较点是，他们都自认是"文明的"。因此，"中国性"和"希腊性"的概念是理解自己和自己在世界上的地位，与他人关系的方式。

在这里我们应该注意到，用来描述帝国的形容词，如"中国的"经常被用来形容整个"文明"。从这个意义上说，中华帝国和其他国家，通常被视为是一个大型的文化综合体和政治综合体。然而，帝国并不是唯一与文明有关的实体。例如，伊斯兰教本身就被认为是一种"文明"，与奥斯曼帝国、莫卧儿帝国和非洲帝国完全不同，其统治者是穆斯林。今天，我们欣然谈论"西方"文明，认为它包含了一个广泛但却连贯一致的范畴。历史社会学家迈克尔·曼曾断言，现代西方文明是迄今为止人类社会中最强大的，但它并非源于任何历史必然性的规律，而仅仅是产生于偶然事件——"现代西方文明就是这样发生的"（Mann，1986，p.31）。有趣的是，与其说"西方文明"的根源在欧洲，不如说是在古代的近东，其发展轨迹逐渐向西向北移动，穿过安纳托利亚、小亚细亚和黎凡特到地中海东部，最终在现代时期进入西欧（同上）。

"西方文明"在很大程度上也得益于来自更远领域的影响。尽管今天的"全球"文化在很大程度上被视为西方文化的重要组成部分，但我们通常认为西方文化的重要方面，包括技术和手工艺品，根本不起源于西方。火药是由中国发明的，我们的数字系统被称为"阿拉伯数字"也是有原因的（尽管阿拉伯人最初是从印度获得的这一数字系统），古埃及人开创了外科手术技术，文身是波利尼西亚艺术，数码随身听（光碟机）起源于日本。当你下一次咬羊角面包时，你可能会想起它代表着伊斯兰的象征——新月。最早的时候，几乎所有的帝国，无论是埃及、非洲、希腊、罗马、印度、中国、欧洲、奥斯曼、俄罗斯还是日本，都与文化习俗、技术、手工艺品和经济联系的传播相关，因此这些帝国都存在于全球化本身的长期历史进程中。

政治共同体与人性

我们大体上已经看到了稳定的人类社区是如何出现以及何时出现的了。我们在这里关注的是与人类社区理论化相关的最基本概念之一，即政治社区或国家，这涉及人性概念。需要注意的第一点是，对于人性概念没有广泛的共识。一些政治理论认为，人类天生就有一种行为方式，而另一些理论则对人类天生倾向于做什么持截然不同的看法。还有一些人反对存在一种普遍人性这种观点，认为所有的人类行为都是受与文化和环境相关的局部因素影响，因此会因时间和地点的不同而有所不同。

即使一个人拒绝接受普遍人性的概念，也很难马上否定这样一个论点，即人类非常倾向于生活在社区中，而不是作为孤立的个体生活。这使我们想到亚里士多德（公元前384—前322年）的著名主张，即人在本质上是政治动物。因为这个术语被广泛误解为指一种狡猾和纵容的本性，所以有必要确切地阐明亚里士多德的意思，因为他有着完全不同的想法。

亚里士多德的政治哲学，和他那个时代的其他哲学家包括他的老师柏拉图的思想（公元前427—前347年）的思想一样，主要集中在政治团体上。尽管亚里士多德很清楚在其他地方也存在其他形式的社区，但他分析并理想化的特定社区是他自己的希腊城邦。到公元前5世纪，希腊地区的城邦约有1500个，其中雅典和斯巴达最为著名。这两个国家因参与了一场漫长的战争而被人们铭记，修昔底德在《伯罗奔尼撒战争史》（Thucydides，1972）一书中详细记录了这两个国家的历史，该书被称为国际关系理论现实主义传统中的经典之作，因为它记载了雅典人在制定战略时的冷酷无情。正如我们后来看到的，古典现实主义传统包含了一个明确的人性理论。然而，它与亚里士多德的观点并不直接相关。

"城邦"（polis）这个词为亚里士多德所说的"政治动物"提供了线索，因为"政治的"（political）、"政策"（policy）和"政体"（polity）等词都来自同一词根。因此，当亚里士多德使用 zon politikon 这个词时，它的字面意思是人类天生就是城邦的产物，为生活在政治团体中而生。因此，后者是人类的自然栖息地。只有在政治团体内，才能实现任何形式的真正的人类文明生活。但是，不仅如此，对于亚里士多德和他同时代的大多数人来说，文明存在的最高形式，美好生活的条件，只能在希腊城邦中找到。

其他族群，即那些由野蛮人组成的族群，在政治团体的等级制度中占据较低的地位，因此亚里士多德在他的观点中表现出明显的种族中心主义偏见——这在今天仍然是一个很普遍的问题。对亚里士多德和其他希腊人来说，他们的生活方式具有鲜明的政治性，这一特点是以自由公民权的概念为基础的。这与东方的波斯人形成了鲜明对比，希腊人认为波斯人是专制的奴仆（Ryan，2013，p. 2）。但就在亚里士多德发展他的国家哲学，城邦处于国家形态的顶峰时，希腊城邦已经到了衰落的边缘。在中世纪意大利城邦的崛起之前，没有任何类似的政治团体再次出现。这些观察强调了两个重要的教训：首先，没有一种国家形式是永久的，无论它在任何时候看起来多么稳固和可取；其次，种族中心主义，虽然无疑是一种非常普遍的倾向，但也有其固有的缺点，那就是无法理解其他生活方式有什么值得他们借鉴的地方，也无法从中学习。

人性问题超出了人是否是群体生物这一问题。很明显，一方面，有许多不同类型的团体，每一种团体内部政治安排是无限变化的。因此，人性可能会使人们倾向于生活在政治团体中，但它是否规定了某种特定的类型？简单的回答是否定的。世界上不仅有不同类型的政体，还有不同类型的政府。进一步解释，希腊城邦是一类特殊的国家，但这并不意味着所有这类国家都有相同类型的政府或统治形式。亚里士多德研究的城邦区分了不同的统治形式，从民主到寡头政治、贵族、暴政和君主制。一个没有统治者或机构行使政治权力的政体被称为"无政府状态"，字面意思是"没有统治者"。无政府状态并不意味着混乱，尽管许多政治理论家认为，在一个政体中，如果没有一个可执行规则的条框，那么这个政体中就毫无秩序可言。正如我们后来看到的，无政府状态的概念是研究国际关系和世界秩序传统方法的核心概念。

从希腊哲学家时代起，有关人性和政治团体内统治的主题继续在欧洲和其他地方的政治思想中弥漫。尽管基督教政治哲学受到希腊思想的影响，但它的出现带来了重要的发展。然而，基督教对国家的看法截然不同。例如，希玻的圣奥古斯丁（354—430），可能是历史上最杰出的北非思想家，他认为建立国家和政治权威机构的必要性，是由于人类堕落的本性。虽然上帝最初创造的人类是纯真善良的，但是"堕落"（由亚当和夏娃在伊甸园里偷吃善恶知识树上的果子引起）意味着人类的本性被这种原罪行为打下了不可磨灭的印记。因此，人性不仅需要救赎，还需要在一个国家内进行遏制，并服从于强制性政治权威的统治，如果没有这种权力的遏制，人类

将会肆无忌惮地释放自己所有的恶念。（Augustine，2003）

另一位基督教作家圣托马斯·阿奎那（1224—1274）对人性和国家之间关系的描述截然不同。阿奎那赞同亚里士多德的观点，认为国家是一个完全自然的实体——即使是在纯真的状态下。正如奥古斯丁所认为的那样，国家的存在不仅仅是为了遏制恶念，政治统治不仅仅被视为遏制恶念必要的强制性手段，从积极的角度来看，也是国家确保共同利益的自然机制。（Morrall，1960，pp. 68-80）因此，阿奎那赞同亚里士多德关于人性以及国家的目的与功能的观点。他宣称人类确实是一种社会和政治动物，而且从创世之初一直如此。

与其他传统思想相关的哲学也包含了明确的人性理论，这些人性理论与研究国家的政治理论相关。大多数思想体系都认为自然的人类栖息地是一个具有规则和规范体系的社区。印度教的政治思想将人类置于宇宙秩序的固定框架内，共同体是其中不可或缺的一部分。只要人们服从于他们约定俗成的身份和职责，就能够保持和谐，而这些身份和职责是在出生时由他们的种姓地位决定的。但是，人类具有独立思考和行动的能力，可能倾向于偏离自己的位置，因此需要强制权威来控制他们，防止混乱。有趣的是，印度教思想包含了一个黄金时代的景象，类似于伊甸园，那时人们非常适应自己特定的法规（角色和职责），因此没有必要强制管理。但是，就像伊甸园一样，它并没有持续下去，人性的其他方面，如贪婪和私利导致了腐败，最终导致了强制统治的必要性（Spellman，1964）。奥古斯丁的观点在这里很明显。

早期伊斯兰思想的发展也受到希腊哲学家，尤其是柏拉图和亚里士多德的影响。人们普遍赞同政治共同体中人与人交往的必要性，以及采取强制性统治维持秩序、和平与正义的要求。在早期伊斯兰的哲学家中，伊本·哈尔德（1332—1406）阐述了有组织的人类社会和各种类型的政体。这些都是基于这样一个假设，即尽管人类天生贪婪，合作困难，但他们无法作为孤立的个体生存。与伊斯兰和早期基督教传统中的许多其他哲学家一样，哈尔德赞同专制和等级制度，认为这对于正确的社会秩序和政治秩序至关重要（Grunebaum，1953）。

这与儒家思想相似，尽管大多数儒家教义都将"仁"视为人性中的主要美德，但"仁"并不会独立出现。相反，它必须通过适当的教育来培养。儒家学者孟子提出了一种观念，即欲望是人性的另一个更为基本的方面。这一特点体现了对社会和政治秩序的根本性威胁，因此社会和政治秩序必须通过君主统治和顾问委员会加以控制（Lau，1970，1979）。在这方面，孟子的观点与大约 1800 年后的托马斯·霍布斯（Thomas Hobbes）的观点相似，我们会加以考虑。

关于国家与人性之间关系的另一种观点来自于希腊和罗马（包括中东部分地区）哲学家所形成的一种思想传统，这种思想否定了城邦思想的关键方面，以及城邦思想中包含了的人类生存的所有方面。我们已经看到，对亚里士多德来说，生活几乎完全是在城邦之内。另外，尽管他完全可以考虑普遍性的概念，但并没有外延到为所有人提供基本的平等。对柏拉图和亚里士多德来说，例如，奴役希腊人，但不奴役其他人，可能在伦理上是错误的。然而，从亚历山大大帝为改变希腊人和野蛮人之间的区别做了大量工作，一直到罗马帝国末期，人们思想发生了转变，至少在理论上设想了一个人类共同体——一个宇宙城邦，在这里所有人在本质上是平等的。这一观点与斯多葛哲学（Stoic Philosophy）有关，后者认为，自然界中，所有人都是平等的。16 世纪以来西欧思想中出现的自然法、自然权利和自然平等思想代表了斯多葛学派重要思想的复兴。而这些思想在当代规范理论中十分突出，是普遍人权的思想最终得以发展的基础。

欧洲大部分地区，以及北非和中东地区的部分地区，都曾受到罗马帝国征服野心的影响。罗马帝国留下的遗产之一是在文明保护伞下建立一个世界社会，这符合斯多葛派哲学。后一种思想起源于希腊，与城邦的局限性相比，科斯莫斯的理念代表普遍秩序。到公元 3 世纪，这一思想和其他斯多葛学派思想已经被罗马接受。斯多葛哲学的支持者包括皇帝马库斯·奥雷利乌斯等人，他提倡道德世界主义的理念，"其特征是所有个人都是一般道德共同体成员"（Scherle，2014，p. 119）。这些思想与基督教和伊斯兰教的普遍一神论观点一致。

普遍主义思想本身也成为了现代性的核心要素，特别是在启蒙运动中表现出来的。哲学家伊曼纽尔·康德被描述为"一个道德和政治世界主义者的典型范例",他是国际法和"普遍公民"权利概念的早期倡导者(同上)。与此同时,在罗马帝国行将灭亡时,基督教被规定为官方宗教,尽管基督教世界很快分裂成两个部分——一个在东部,位于君士坦丁堡(现伊斯坦布尔);另一个在西部,总部设在罗马。当然,基督教在欧洲产生了巨大的影响,并形成了欧洲是"基督教世界"的观念。这使中世纪混乱的政治格局显得团结一致。然而,随着现代性的到来,不仅欧洲,整个世界都变得更加系统化和一体化。

现代性的兴起

最简单地说,现代性指的是"大约从 17 世纪开始出现在欧洲的社会生活或组织模式,这些模式后来或多或少地在世界范围内产生了影响"(Giddens,2013,p. 1)。然而,受文艺复兴运动影响,从中世纪观点到现代观点的转变在意大利开始得更早,也就是从 13 世纪中期到 16 世纪。这一时期通常与艺术和建筑的繁荣联系在一起,米开朗基罗和达·芬奇等名字,以及希腊罗马世界古典文明所带来的艺术灵感,被重新发现并融入审美表达中。也正是这一时期,政治思想开始摆脱中世纪教会的限制。一位作者指出,"坚信国家权利、义务和合法利益,行使治国方略,必须以脱离基督教会的独立的政治伦理为指导,这一信念首先是由文艺复兴时期的意大利人赋予的"(Jackson,2003,p. 160)。古典文明再次为这些思想提供了灵感,但此时影响变革的其他思想和发明来自中国和阿拉伯世界,甚至希腊和罗马的一些影响也来自伊斯兰(Stern,2000,p. 72)。

这也是意大利城邦崛起的时期。许多组织是根据共和国的原则组织起来的,这些原则受到了古代参与式政府的启发。反过来,这些思想又形成了一种公民人文主义的形式,其经典特征表现在"人是一切事物的尺度"的观念中。与之相关的发展是世俗主义的逐渐成熟,它至少鼓励了政教分离。这一时期的欧洲政治版图显示了许多小型自治和半自治政体以及相互重叠的管辖区。辖区的重叠意味着冲突频繁,不安全成为当今的秩序。虽然教会在一定程度上还保持着团结，为笃信基督教的欧洲提供了一个最具权威的法律和道德秩序。但是，随着新教改革的发生，许多事情发生了变化，在改革的过程中，一个更具特色的世俗政治领域出现了，这是现代性尤其是现代国家的一个基本特征。

这一时期最著名的政治思想家是佛罗伦萨的尼科洛·马基雅维利（1469—1527）。他所著的《君主论》（*Machiavelli*，［1532］2003）为统治者提供了实用建议，这部著作巩固了他在国际关系理论和政治理论史上的特殊地位。与修昔底德一样，现实主义传统中的人声称他提供了许多关于政治和战争的"无用智慧"（Howard，1983，p. 1）。在治国方略方面，马基雅维利主要关注如何获得及维持君主国（国家）地位以及如何失去地位。人们普遍认为他是出于道德的考虑而赞成必要性，并在选择生存策略时援引国家理由（raison d'état）。他的观点被广泛解释为赞成必要性，否定道德性，在选择生存策略时，君主可以牺牲道德保全国家利益，称之为国家理性（raison d'état）。对于马基雅维利来说，统治者的仁慈虽然在某种意义上令人钦佩，但几乎可以肯定这是政治上的弱点。而且当实际情况需要时，最好还是像狐狸一样狡猾。这更像是亚里士多德的"政治动物"，这一概念经常被人们错误引用。但马基雅维利被误解的观点更多。马基雅维利绝不是对道德问题漠不关心。尽管他似乎赞同"为达目的不择手段"的观点，但他毫不怀疑腐败会破坏良好的政府，而且正义的概念始终贯穿于他的著作中（Benner，2009，p. 6）。

作为一个与神学分离的领域，现代性也同样与科学发展相联系，这反过来又为启蒙哲学的重要理论提供了基础。作为一个复杂的哲学运动，启蒙运动不能以任何简单的方式来定义，但是几个相关的思想主线是其主要特征。首先，启蒙思想家普遍认同历史进程的进化观念。这不仅适用于科学，同样也适用于社会。在人类通过理性思维解决政治和社会问题时，这种观念也在不断地进步。其次，他们呼吁将人类的理性思维从恐惧和迷信中解放出来，而这些恐惧和迷信来源于传统宗教制度和习俗。这得益于对之前无法解释的神秘现象的科学解释。第三，启蒙运动促进了普遍主义的观念的发展，这些观念不仅强调了人们进行理性思考的普遍能力，而且强调了人们在权利方面固有的平等。

主权国家和国家体系

与此同时，随着天主教和新教势力之间的政治和道德霸权斗争的出现，宗教改革见证了战争在欧洲的蔓延。与此同时，宗教改革期间，天主教和新教势力出现了政治至上和道德至上的斗争，欧洲战火纷飞。最著名的战争被称为"三十年战争"。战争主要由天主教哈布斯堡王朝挑起，该王朝控制着西欧和东欧大部分地区的领土。1648年，随着威斯特伐利亚和约的签订，这场战争也宣告结束，签署该和约之前还签订了奥斯纳布吕克和明斯特条约。尽管威斯特伐利亚和约给予统治者权利决定臣民的宗教信仰，在这一点上与早先的奥格斯堡和约（1555年）相似，但至少对于学习国际关系的学生来说，威斯特伐利亚和约的签订通常被认为是现代时期的正式开端。到目前为止，现代主权国家和国家制度的具体起点有了明确的历史追溯（其他观点见 Reus-Smit，1999；Teschke，2003）。

"三十年战争"不仅以哈布斯堡王朝的失败而告终，更重要的是，人们认识到天主教徒和新教徒必须找到和平共处的途径。自宗教改革以来，基督徒团结在同一宗教权威下的观念显然是不可行的。威斯特伐利亚方案的基础是新兴国际法的思想，如果规划得当，可以超越宗教差异，得到普遍适用（即，对天主教和新教国家一样）。按照这个思路，最具影响力的思想家当数荷兰法学家雨果·格罗提乌斯（1583—1645），他的开创性著作《战争与和平法》（Grotius，[1625] 2009），直接回答道德冲突问题、容忍的必要性，以及制定最低行为标准。

实现这种理想状态并达到实际效果的关键原则是实现主权。在国际关系方面，重点是国家的外部关系。将国家包围在主权的"硬壳"内——这个硬壳对应国家的领土边界——是为了保证一个国家的内部政府安排、法律或任何其他国内事务不受外部干涉。这个理论在概念上极其简单。国家内部的统治者可以或多或少地按照个人喜好做事，信仰他们选择的宗教，并根据他们喜欢的统治形式治理国家——拥护共和制的可以实行共和制，拥护君主制的可以实行君主制，天主教徒可以笃信天主教，等等。主权的"硬壳"将保证每个国家（或者更确切地说是其统治者）独立自主地处理本国事务的自主性与独立性，不必考虑他国是否赞同，不管他国领土大小、权力与能力如何。

这种"司法"主权仍然是当今国际法的一项基本原则，这也是汤加王国等小国能够享有与美国同等主权地位的原因。但福尔克（Falk, 1999, p.21）认为，威斯特伐利亚愿景中反映的主权国家世界的构思从未真正描述过政治现实。相反，它需要被理解为一个世界秩序项目（就一个将被创造的世界而言，而不是一个已经存在的世界）。事实上，它只不过是一种神秘的意识形态，为不平等提供了司法面具。

国家内部的政治行为涉及主权的内部层面，包括国家内部如何行使合法的政治权力以及由谁行使政治权力。围绕这一问题，出现了大量的政治理论化问题，在后文艺复兴时期的欧洲，这一问题显得更加重要。早期的理论家让·博丹（1539—1596）主要关注如何才能最好地维护和平与保持稳定，得出结论认为，只有君主才能完成这项工作。托马斯·霍布斯（1588—1679）是国际关系学院学生最为熟知的主权理论家，他追随博丹的观点，认为君主最有可能维护秩序，尽管他认为议会也可以实现这一功能，但位居第二。他还认为，自然状态下，秩序是必须受到保障的。他的这一观点，吸引了国际关系理论学家（King, 1999）。在这里我们来讨论人性与自然状态之间的关系。

在霍布斯的自然状态中，没有规则或领导者，没有政府或团体。从这个意义上说，自然状态显然是无政府状态。但这并不是一个无政府的乌托邦，在那里，所有人都享有自由，免受强制统治和其他压迫机制的控制。霍布斯的自然不像伊甸园那样宁静纯真。相反，这种自然状态高度危险，完全缺乏正义和道德。恐惧和不安全感是主要感受，而人类行为背后的主要动力是个人的自我保护。统治是实现这一目标的唯一手段，但是，既然所有人都因此被驱使去统治他人，那么不可避免的结果就是人们之间持续不断的战争。人与人之间不可能和平相处，因此，用霍布斯的名言来说，自然状态下的生活是"孤独、贫穷、肮脏、野蛮和短暂的"

(Hobbes,［1651］1985，p. 186）。

寻求真正和平与安全的唯一途径是通过建立一个共同体，人们生活在一个单一政治权威，即君主之下。这一政治权威拥有绝对权力，拥有执行命令与服从命令的必要能力。人们保留的唯一基本权利是自我保护，因为正是为了这个目的，他们才会首先向君主权威屈服。因此，霍布斯把政治共同体描绘成人为的结构，旨在缓解我们"自然"命运的悲惨境遇。至于国与国之间的关系，由于国际上没有至高无上的主权，国家被谴责存在永久无政府状态。正义和道德是缺失的，生存只能通过统治和追求纯粹的私利来实现。简而言之，这是一种典型的现实主义国际关系观，我们将在下一章中对此进行更为详细的研究。

在签署威斯特伐利亚和约后，欧洲仍然处于战争状态，因为各国还在加速斗争，争夺领土的政治控制权以及相应的资源。而且，在国家内部，天主教徒和新教徒仍然在相互迫害，女巫受到普遍迫害，酷刑是许多法律制度的标准配置，而普遍人权的理念还遥遥无期。此外，国家主权原则和"国际化"的国家体系规则仅适用于欧洲。正如我们所看到的，不干涉欧洲以外政治团体的事务又是另一回事了。

现代殖民帝国

美洲在 15 世纪末期就已经被"发现"，随后欧洲人开始进行大规模殖民。随着航运技术和武器等方面技术的飞速发展，欧洲人在遥远的土地上掠夺了更多的资源，最终，他们的殖民版图扩展到了全球。英国、法国、西班牙、葡萄牙和荷兰是早期的主要殖民者。在 19 世纪和 20 世纪，德国、比利时和意大利也加入了这个行列。在后期阶段，美国、俄罗斯和日本也参与了殖民活动。14 世纪兴起的奥斯曼帝国一直持续到 20 世纪初。然而，欧洲帝国的触角最长、最坚固，最终触及全球各地。

虽然现代欧洲帝国主义与资本主义有着密切的联系，但殖民者选择殖民地的原因并不完全是其潜在的财富。有些殖民地，例如大多数澳洲殖民地和一些早期的美洲殖民地，最初只是人类垃圾倾倒地。后来，它们成为对"自由"人具有吸引力的目的地。这些人为了逃离宗教或政治迫害和贫困，或只是像今天许多移民那样，寻找在自己国家无法获得的机会。殖民地并不总是"强加于"当地人民。至少有一个英国殖民地斐济是应其本土政治精英的邀请成立的，尽管另一个掺杂的原因是英国在太平洋岛屿上拥有战略利益。殖民主义背后的其他力量与"文明"和"白人的负担"有关。对许多欧洲人来说，无论是天主教还是新教，"文明化"意味着让当地人皈依基督教。

然而，对其他欧洲人来说，"文明"的传播只会玷污在世界其他地方的土著人的纯真。这些观点与让－雅克·卢梭（1712—1778）等哲学家的观点相联系，更广泛地说，与欧洲的浪漫主义运动相联系。该运动代表了人们对欧洲社会腐败的一种反抗，同时，人们认为，浪漫主义是现代性的产物。卢梭认为人性本来是善良的，所谓的进步和文明是对人性的堕落负责。此外，现代社会的制度相当于一座监狱，卢梭有一句与此相关的名言"人生来自由，却无处不在枷锁之中"（Rousseau，[1762] 2008, p. 14）。

大英帝国是世界上最大、最强的帝国，其版图几乎包围了整个地球，由此得名"日不落帝国"。考虑到它的范围，以及其版图曾经包含美国原始殖民地的事实，英国（或者更具体地说是英格兰）文化在世界各地传播就不足为奇了。这体现为英语是主要的国际语言。英语不仅在国际上有许多实际用途（例如，所有国际飞行员和空中交通管制员必须使用英语），许多非英语地区的区域（性）组织也使用英语。例如，东南亚国家联盟（东盟）使用英语作为其官方交流媒介。国际高等教育行业的语言也是英语，许多正在读这本书的同学能够很好地理解。这也加强了英语国家在知识生产和传播方面的主导地位，这也是为什么当代国际关系不仅可以说是以欧洲为中心，更可以说是以英语国家为中心，因为只有用英语出版才能保证拥有大量的国际读者。

在另一个层面上，"盎格鲁圈"的概念已经受到了一些关注。它指的是在英国、美国、加拿大、澳大利亚和新西兰之间存在的长期但非正式联盟关系。这些国家构成了"全球社会中独特的国际性、跨国性、文明性和帝国性实体"的核心，据说这是建立在"盎格鲁－撒克逊种族的自然统一和道德优越"的假设之上的（Vucetic，2011，pp. 2-3）。然而，迄今为止，在国际关系中，除了刚才引用的作品之外，对于这种基于某种文化/种族相似性的多边"特殊关系"的分析相对不足。尽管冷战结束后国际关系出现了"文化转向"，引起了人们很大的兴趣。（Lawson，2006）。

更广泛地说，欧洲殖民主义（不仅仅是英国殖民主义）以其他形式的殖民主义所没有的方式改变了整个世界。例如，几乎所有的"发展"模式都是基于"西方模式"。国际经济本身就是几个世纪以来欧洲帝国扩张的产物，资本主义的统治也是如此。即使是那些拒绝资本主义的国家，也普遍支持某种形式的社会主义。这是另一种欧洲意识形态，在之前的殖民地世界中极具极强的影响力。当代的全球化现象在很大程度上也是欧洲殖民主义的产物。当然，欧洲国家体系的全球化是欧洲殖民主义的直接产物，因为非殖民化方法在欧洲国家中创造了一些新的主权国家。即使是那些没有被欧洲强国直接殖民的地方，也被纳入了这个体系。简言之，欧洲殖民主义是现代最强的结构性力量之一，在许多方面创造了一个欧洲政治世界，通常称之为"西方"。但是，如果从长远的眼光看世界历史，就可以告诉我们一件事，那就是西方的统治地位只是正在进行的全球故事中的一个阶段——紧要关头，这一时刻必将让位给新的权力中心。

没有民族主义，现代国家的任何描述都是不完整的，民族主义可以说是现代时期最强大的意识形态之一，也是欧洲扩张的另一个结果。17世纪和18世纪的两个关键因素直接促进了民族主义的诞生。首先是主权国家本身的出现，民族主义通过主权国家获得了核心理论基础，即在一个自治、独立、有边界的政治团体内实现民族自决的理想，这个团体与其他团体共存，又彼此独立。第二个因素是1789年的法国大革命，这场革命产生的背景是启蒙哲学，尤其是其解放思想，以及社会对现有政治秩序普遍不满的情绪。

法国大革命实际上宣告了广大普通民众，包括农民、商人和工匠，不再是君主的臣民，而是一个国家的公民。现在，主权不属于国王，而是属于整个法国人民（法语为la nation，意为"国家"）。很明显，这是现代民主史和民族主义史上的一个重要时刻（Cassells，1996，第18-19页）。但是，在未来的发展中，民族主义将与非民主的信条结盟。

法国大革命后，新生的民族主义思想中注入了德国浪漫主义的某些思想。这包括人民的形象，或民族的形象，追溯历史，由一个完整的传统链联系在一起，并以共同的语言、诗歌、歌曲和舞蹈表现出来，组成了一个历史团体。每个民族的传统都是独一无二的，因此每个民族本身都是独一无二的。个人被淹没在国家中，他们的身份几乎完全是从国家中获得的。这其中一些思想是由约翰·赫德（1744—1803）提出的，他被公认为是文化史的奠基人。他的文化概念也为后来建立文化人类学奠定了基础，文化人类学反过来又产生了文化和伦理相对主义学说，这些学说强调了当今国际理论的重要方面，尤其是社群主义思想（Lawson，2006，p. 55）。

民族主义受到赫尔德对社区的文化主义方法的强烈影响，尽管赫尔德本人没有将他的思想与国家理论联系起来，事实上反对中央集权政治权威，但后来的发展看到了文化主义理想与政治民族主义的融合。民族主义在很大程度上受到赫尔德对人类团体的文化主义研究方法影响，尽管赫尔德本人没有将他的思想与国家理论联系起来，事实上他反对中央集权政治权威，但后来发展到了文化主义思想与政治民族主义融合。这一点在20世纪德国民族社会主义的意识形态中表现得最令人厌恶。如果赫尔德知道希特勒和纳粹野蛮地使用他的文化、历史和民族理论，他肯定会感到震惊。

民族主义在历史上的另一个重要发展是，意识形态在很大程度上支持了第一次世界大战后的反殖民斗争，但只适用于殖民地国家的欧洲后裔，直到1945年以后才适用于殖民地人民。一位作家评论说，尽管1918年后，美国和欧洲领导人宣布了有关民族自决权的崇高原则和理想，殖民地（土著）人民希望解放的情绪高涨，但"很明显，这种期望将会落空。在欧洲以外，旧的帝国主义国际关系逻辑将继续存在，这种逻辑削弱或完全抹杀了大多数非欧洲国家人民的主权"（Manela，2007，p. 5）。即便如此，第一次世界大战还是证明了这是一种破坏稳定的力量，从非洲到中东和亚洲的当地抵抗力量正在集结势力。（Levine，2013）。然而，1945年后随着欧洲帝国的最终沦陷，反殖民民族主义与日益膨胀的自决理念相结合，推动了"第三世界"许多国家的建立，在那里，民族主义仍然是一种异常强烈的意识形态。遗憾的是，在镇压本国境内少数派的抗议时，这些国家政府经常利用这一点来为自己开脱。表面上，他们是为了"国家利益"，实际上他们是为了在后殖民国际秩序中维护自己的主权和独立，尽管这种国家镇压并不局限于非殖民国家，在欧洲历史上我们也能找到许多类似的例子。

随着大多数殖民地走向独立，大体上来说，殖民地边界基本保持不变，那些新的去殖民化的国家对自决的限制也变得明显。支持这一点的原则是占领地保有原则（字面意思是"按你拥有的部分计算"），旨在限制政治分裂的可能性，并已演变成对前殖民国家分裂合法性的限制（Kuwali, 2015, p. 27）。冷战期间，孟加拉国从巴基斯坦分裂出去是唯一成功的案例，这主要是因为东巴基斯坦（1971年成为孟加拉国）在地理上与较大的西巴基斯坦并不毗连，而且孟加拉国在军事上得到了印度的支持。尽管冷战期间联合国反对分裂的态度非常坚决，但冷战后时期，有很多政治团体成功分离形成新的国家。不仅有苏联和南斯拉夫，而且是来自全球各地，从厄立特里亚到东帝汶。即便如此，在世界各地仍然会不断地出现分裂斗争，如西巴布亚和西撒哈拉。在非殖民化进程中印度尼西亚和摩洛哥分别占领了这些地区，但总的来说，当地居民从未同意被这些领土面积更大、势力更强的国家合并。

这里有另一个现象值得我们思考：民族主义与各种"泛"意识形态或话语交织。鉴于它们的文化或种族基础，在某些方面可以与上述的英语圈现象相媲美。但有许多是与反殖民主义同时出现的。主要的例子包括泛非主义、泛阿拉伯主义、泛亚洲主义以及泛伊斯兰主义（Aydin, 2013, p. 672）。虽然在当代会不时听到这些论述的回声，但它们从未强大到可以超越更具体的以国家为中心的反殖民主义。而这些民族主义是前殖民地主权国家出现的基础。尽管如此，一些区域组织，如非洲联盟（非洲统一组织的继承者）反映了早期泛非运动的一些内容。而我们将在第四章中讨论20世纪90年代"亚洲价值观"话语的兴起，其中无疑也包含了泛亚洲主义思想。

当代国际体系中的帝国与霸权

如今的国际体系由大约 192 个形式上平等、独立的主权国家构成,我们也许可以就此断言:帝国现象已经成为了历史。而且,虽然现在这个时期可能以美国霸权为特征,但这与帝国几乎是两码事。这是真的吗?著名帝国历史学家尼尔·弗格森认为,尽管美国声称自己是一个合众国,但它实际上是一个帝国。为证明自己的观点,他引用了两个非常相似的演讲,第一个是英国将军斯坦利·莫德爵士 1917 年 3 月率兵进军巴格达时发表的演说,名义上,此次进军是为了"解放"这座城市,使其摆脱奥斯曼帝国的统治,但实际上这是一次殖民活动:

> 我们的军队进入你们的城市和土地,不是为了征服你们,而是为了解放你们。[我们的]政府不希望将国外的制度强加给你们……[我们希望]你们能恢复往日的繁荣:你们土地肥沃的时候,当巴格达是世界奇迹之一的时候,你们的祖先给予了世界文学、科学和艺术。(引自 Ferguson, 2003)

另一个是 2003 年 4 月,当美国将伊拉克人民从萨达姆·侯赛因手中"解放"出来后,乔治·布什对伊拉克人民所做的演讲:

> 伊拉克政府以及你们国家的未来很快将属于你们……我们将结束一个残暴的政权……因此伊拉克人民从此可以过上安定的生活。我们将尊重你们伟大的宗教传统,其主张平等和慈悲的教义对伊拉克的未来发展至关重要。我们将帮助你们建立一个崇尚和平的代议政府,保护所有公民的权利。然后我们将会撤军。伊拉克将作为一个独立统一的主权国家继续前行,在世界上重新获得尊重。你们卓尔不群,你们是伟大文明的继承者,你们为全人类做出了贡献。(同上。)

弗格森继续说到，尽管英国人很少遮掩他们帝国的身份，但如今很少有美国政客愿意"用这个'e'字头的词（即帝国）来形容他们的行为"。因此，他说，"美国人不是要做'帝国'；而是要做'领导者'，或者，用更学术的说法，叫做'霸权'"（同上）。最近的另一项研究报告显示，美国人不愿将美国的外交政策解读为印有帝国主义的烙印。报告内容如下：

> 美国的公共话语是……对帝国的概念感到不安。我们不是帝国主义国家。作为一个国家，我们特别擅长发现其他国家的帝国主义做法并发现它们的企图……（但是）当我们以第三者的视角，会发现美国在国际舞台上扮演的角色就是一个帝国。在性质上它与之前的帝国无二。这有助于解释一种最奇怪的现代现象：美国政府在海外活动，期望自己能够受到欢迎，但结果却事与愿违。（Coates，2014，p.1）

然而，另一位评论员表示，虽然"美利坚帝国"引起了不满（至少在美国之外），但这需要一个假设，即凭借其军事优势、经济实力、全球影响力、科技实力和广泛结盟，美国已经是世界上唯一的超级大国，而这使得美国被定义为一个"帝国"。他补充说，将美国称为帝国，是对"帝国"这个词错误的、非历史性的解读，"这忽视了帝国与国际事务中其他关系之间的重要区别"，并进一步提出"真正的帝国"需要有效的终极权威（Schroeder，2003）。因此，尽管像美国这样的国家可能在国际舞台上享有特权甚至支配其他国家的权力，但这种霸权力量与帝国权力是大不相同的。他继续说道：

> 这表明了两个术语之间的本质区别……霸权指在共同体中而不是在某一权威下，一个团体明确的、公认的领导力以及统治影响。霸权产生于平等；帝国权力统治下属。在没有霸权国家的情况下，在特定的系统内无法达成最终决定；它的责任基本上是管理，及确保决定的达成。帝国权力统治着这个系统，并在其认为必要时做出强制性决定。（同上）

这一讨论指出，在描述权力在国际体系中的运作方式时，我们需要明确使用的术语。因此，在讨论美国现阶段的实力时，无论有些人多么希望使用"帝国"作为一个负面称谓，无论其领导人的语言与早期帝国主义者的言论多么相似，仅仅从帝国主义的角度来描述美国在当代国际体系中的作用显然存在问题。

结论

对历史上的国家和帝国的概述为国家形式和国际体系的实际发展以及突出二者的政治思想提供了视角。具有主权和国家属性的现代欧洲国家的崛起，以及以主权国家为基础的国际体系，显然只代表了政治组织史上的一个阶段，帝国实际上一直是这个阶段的主导形式。这也强调了现代国家的权变地位，以及它是人类社会活动的产物，几乎不是一个"自然实体"。尽管如此，主权国家形式已经开始"全球化"。现在为所有国家以及渴望独立国家团体提供了普遍的标准。然而，主权国家在国际体系中形式上的平等，显然并不排除霸权的出现，产生的动因可能与帝国现象相当，尽管不一定完全相同。

就人性和自然的概念始终有人提出新的观点，促使人们考虑什么是"自然的"，什么是人为。反过来，对这些问题的不同观点产生了关于国家目的的不同观点，尤其是权力如何实施，政治权利应该如何行使以及由谁行使。尤其是霍布斯方法，已经被采取为一种非常深刻的描述国家之间关系的方式，我们在下一章将会看到。

拓展阅读

Amineh, M. Parvizi (ed.) (2010) *State, Society and International Relations in Asia* (Amsterdam: Amsterdam University Press).

Burbank, Jane and Frederick Cooper (2010) *Empires in World History: Power and the Politics of Difference* (Princeton: Princeton University Press).

Cox, Michael, Tim Dunne and Ken Booth (eds) (2001) *Empires, Systems and States: Great Transformations in International Politics* (Cambridge: Cambridge University Press).

Northrop, Douglas (ed.) (2014) *A Companion to World History* (Oxford: Wiley Blackwell).

Van der Pijl, Klees (2007) *Nomads, Empires, States: Modes of Foreign Relations and Political Economy* (London: Pluto Press).

讨论问题

- "世界历史"研究方法对国际关系专业学生有什么益处?
- 西方文明实际上在多大程度上是"西方的"?
- 被广泛理解为政治共同体的国家是人类的自然栖息地吗?
- 国家主权理论是如何产生的? 在什么情况下产生的?
- 欧洲殖民主义以什么方式决定了当代国际秩序?

第三章　国际关系理论

对任何一门学科而言，不管是物理、生物还是文学、建筑、经济学、政治学以及其他学科，理论的重要性都是不言而喻的。通过观察、实验、经验和实践获得的有关社会或自然界的客观事实或数据是相互联系的。并非所有的客观事实在任何情况下都是显而易见或清晰明确的，在正确解读这些客观事实之前，要对它们进行系统的采集、挑选、组织和解释。这就是理论化的过程。在社会科学中，有不同形式的理论化方法，包括从使用"硬"数据的经验法（通过测量现象的定量法获得的数据），到用于处理抽象概念和意义解释的方法，以及一些组合法。

普遍认为基于硬数据的理论化更加"科学"，其实践者声称这种方法可以形成客观的、普遍有效的知识而不会有规范性或意识形态上的偏见。通常这种研究方法被称为实证主义方法，并且如前所述，常被看作是美国政治和国际关系研究的特征。但是，处理规范性问题的理论化形式，如战争中的伦理、人权、资源分配的公平性等问题，不可避免地涉及很具主观性的问题，这使得客观性理论几乎不可能实现。许多人提出，不管这些偏见是否被认为是"科学的"，几乎所有的方法都存在主观偏见，尽管实证主义者提出了自己的观点，但要获得纯粹的客观知识是根本不可能的。这也与理论的普遍有效性相悖。

更普遍地说，所有理论都以这样或那样的方式形成了理论知识。此外，理论之间相互竞争，通常每个理论都认为该理论对世界或某一领域提出了更好的解释和/或解读。当然，国际关系领域的理论是关于整个政治世界的，什么使它结合或分裂随情况而定。

自由主义与现实主义

当国际关系在第一次世界大战之后首次正式成为一门学科时，国际关系理论的重点是寻求结束国家间战争并为持久的和平与安全创造条件。此时的主流思想源于过去几个世纪发展起来的自由主义哲学传统。自由主义思想的主要代表人物是美国总统伍德罗·威尔逊（1856—1924），他坚信国际机构对于实现世界和平秩序的愿景至关重要。他成为联合国前身——国际联盟的主要创办人。联合国在减少（如果不是完全消除）国际暴力冲突方面发挥重要作用。这些想法通常被称为"自由国际主义"或"自由制度主义"。此外，由于在规范上非常强调积极主动地建立和平的世界秩序，第一次世界大战后的自由主义国际理论经常被描述为"理想主义"，至少被现实主义者称为术语滥用。

伍德罗·威尔逊将和平世界秩序的前景与民主的传播联系在一起，这种结合被称为"民主和平理论"。威尔逊不是民主和平理论的创立者，一般认为该理论是由启蒙哲学家康德（1724—1804）提出的。康德认为，共和政体（通常等同于民主政体，尽管这些术语并不完全等同）不太可能发生暴力冲突，因为对政策有重大影响的共和政体的公民不愿意"承担造成战争苦难的骂名"（Kant，引自于 Shimko，2016，p. 83）。但这并不意味着专制国家的公民愿意承担这样的风险，决定参战也不是他们的选择。出于道德责任，康德提出了"永久和平"计划，该计划设想建立一个构建彼此和平关系的国家联盟，通过商业联盟并反对武力征服他国（Richardson，2001，p. 59）。

自决权是第一次世界大战后出现的另一个重要的自由主题。康德的"绝对命令"概念包含了一个个人道德行为的概念，与个人自主或自决的概念直接相关。在这里，我们应该注意到启蒙运动传递的一个基本信息——人类的思想应该从恐惧和迷信中解放出来，并利用在理性思考方面与生俱来的能力来决定自己的目标。对于康德来说，从这个意义上自决权就是启蒙。然而，自决概念后来并非与个人，而是专门与群体，最终与"国家"

联系在了一起。它也变成了一种"权利"。

自决权的概念进一步加强了民族国家理念和所谓的规范性民族主义原则的合法性——每个民族的国家，每个国家的国家（Gellner，1986，p. 125）。同样，这被认为是一种自然的契合。但是，正如我们所看到的，这些想法是在考虑到欧洲问题的情况下制定的，最初并未应用于欧洲以外的殖民地人民。

虽然存在许多不同的自由主义思想，但他们的共同点是对和平可能性的乐观看法。对于一些自由主义者来说，这源于对人性更积极的评价。人们不仅可以从错误中吸取教训，而且还有能力在政治和经济学等领域选择理性的行动方案（Sargent，1999，p. 107）。这种理性行为很可能是利己的，但这并不奇怪，因为对于自由主义者（以及现实主义者）来说，利己行为是人性的一个重要特征。但是，个体的理性选择以及对自身行为的自我约束一般来说会给每个人，或者至少是大多数人带来好处。而且，随着时间的推移，可以获得更好的生存状态。然而，后期的自由主义者认为，在没有任何帮助的情况下是很难实现的。必须有针对性地、刻意地使用人类理性来建立国际机构并设计专门的法律框架来克服无政府状态造成的负面影响并对战争倾向加以遏制。

自由主义思想中的其他基本观点包括高度重视经济自由（包括自由贸易），支持民族自决权，由通过规范和规则进行组织和监管的国家所构成的世界，以及尊重不干涉内政原则，同时坚决反对国家内部的专制政治统治。国际政治中的自由主义试图将这些价值观投射到全球，"渴望建立一个所有人都能享有主权和自由的世界"（Richardson，2001，p. 55）。这些观点反映了对国内和国际政治明确的规范方向。这与现实主义在国际关系理论方面所提出的观点正好相反，现实主义理论着眼于它是什么样子的，而非着眼于它该是什么样子的。

从一般意义上来说，现实主义国际理论是指在过去七十年左右时间里形成于欧洲和北美地区的一系列思想，尽管该理论的许多支持者认为该理论是受到诸如修昔底德、孙子、考底利耶、马基雅维利、霍布斯、卢梭等人著作的影响。现实主义在国际政治方面还没有一个统一的理论，但有

"一个共同的哲学核心",因为人们认为国际政治和广义上的政治是一场持续的权力和安全斗争(Frankel,1996,p.x)。现实主义思想的另一个关键特征是强调国家就国际政治环境的无政府主义本质进行谈判的方式:

> 现实主义从一开始就解释了(今天我们称之为国家的)政治单位如何在人们的安全和福利总是受到威胁,甚至连生存都没有保障的无政府环境中自我保护和生存。追求自己安全和自治的国家会受到其他追求本国安全和自治的国家带来的冲击和限制。因此,国家之间的关系从本质上来说是一种不可改变的冲突关系,各国在试图改善其安全状况,提升其自主权的同时也不断地互相争斗,相互博弈。国际体系的无政府主义本质使得这种冲突关系更加危险:没人可以充当国家间冲突索赔的高级仲裁人,也没有能够执行仲裁规则的更权威机构。
> (Frankel,1996,p.ix)

与国际领域相关的经典现实主义思想在很多方面是对威尔逊等人所倡导的自由理想主义的回应,并在第一次世界大战后的第一代自由主义者的推动下得到了发展。但是,到了20世纪30年代中后期,具有侵略性的德国军国主义重现世界——在地球的另一端,同样具有侵略性的日本向中国发动了战争——此外,国际联盟显然没有达到预期。显然,对某些人来说,自由主义原则中隐含的"理想主义"与"现实"脱节。以上观点是由卡尔(1948)提出的,他在其著作中对自由主义理想主义的批评后来被称为现实主义传统。卡尔认为第一次世界大战后的和平解决是一次彻底的失败,其中存在的主要缺陷是完全忽视政治中的权力因素。

关于"真实"与"理想"的问题,卡尔引用马基雅维利在《反对乌托邦主义》中的话来说明其观点:

> 在我看来,应利用客观事实而不是想象来探寻世界;对许多人来说,共和国和公国实际上从未见过也不曾知道,因为一个人如何生活与他该如何生活是大相径庭的,他忽略了做应该做的事情,那么他就

会毁灭得更早。（Machiavelli，引自 Carr，1948，p.63）

到目前为止，我们几乎完全以英国为背景考虑国际关系的发展，在英国，两次世界大战期间产生了许多有影响力的思潮。欧洲当时也是国际政治的中心。在第二次世界大战之后，随着冷战的开始，国际关系学科，尤其是现实主义模式，在美国发展得非常迅速。早期的代表人物无疑是汉斯·摩根索（Hans J. Morgenthau），他为该学科提供了另一个经典学说，即国际政治：权力与和平的斗争（1948年）。第一章的开头几段话无疑是其理论的核心：

> 像所有政治学一样，国际政治是关于权力的斗争。无论它的最终的目标是什么……权力总是最直接的目标。政治家们和各族人民最终会寻求自由、安全、繁荣或权力。他们可以根据自身的宗教、哲学、经济或社会理想来定义自己的目标。他们可能希望这种理想可以通过自己的内在力量、通过神的干预或通过人类事务的自然发展得以实现。但是，只要他们通过国际政治努力实现自己的目标，他们就会以争取权力的方式来实现这一目标。（同上，p.13）

摩根索和一些古典现实主义理论中的学者们借鉴了一系列历史观点来支持自己的观点。除了马基雅维利之外，古典现实主义者经常提到修昔底德的理论来强调国家间赤裸裸的权利在多大程度上超越了道德观念。一段被称为"梅利安对话"的关键文字记录了拥有强大军事力量的雅典人和弱小的梅洛岛居民之间的辩论。后者不希望屈服于雅典人，而是宁愿在战争中保持自身的独立和中立的立场，他们努力争辩正义在他们这边。但是雅典人却反驳说，"正义的标准取决于同等强大的牵制能力……强者做他们有权做的事，弱者接受他们必须接受的事"（Thucydides，1972，p. 402）。

摩根索发现，如同所有的社会力量一样，权力的基本动力植根于人性。出于这个原因，他认为国际关系的研究主要是人文的，而不是科学的，正如它关注人际关系一样（Rösch，2015，p. 64）。至于权力政治，他非常强调在国际政治中压制霍布斯式自然状态的权力限制。一个"权力至高无上，而且没有［统治］对手的世界引发了对权力的反抗，像人类对权力本身的渴望一样，这是很普遍的"（Morgenthau，1948，p. 169）。在这里出现了理性、道德和正义的概念。然而，摩根索在研究这些问题时，几乎没有承认"理想主义"。相反，他指出那些寻求权力的人，为了避免他人的反抗，只会采用规范的意识形态来隐藏他们真正的目标（同上）。在这方面，他与卡尔的观点很一致。与古典现实主义理论中的许多其他学者一样，他将权力政治的严峻现实归因于人性的消极一面。摩根索对安全性和国际体系的特征有更多的看法。然而，关于后者，可以留给新一代现实主义学者——新现实主义者——来接受结构的概念，并将其作为分析的基础。这是在自由主义和现实主义被重构以迎接新挑战的过程中完成的。

在第二次世界大战开始时以及之后不久，自由主义受到批评者的严厉指责，同时受到那些认为强权政治世界更适合自己的人的谴责。作为回应，一个新自由主义思想流派应运而生，对现实主义提出的一些假设进行了批判，并谴责了在它看来过于简单化的倾向。例如，虽然现实主义者通常认为主权国家是国际政治中唯一真正重要的角色，并且是一个单一的角色（这意味着它是一个单一的、连贯的、没有区别的个体），但是新的自由主义思想流派强调了国际体系中的多个角色，因此有时被称为"多元化"。这种思想模式起初源于罗伯特·凯奥汉和约瑟夫·奈（1977年）所倡导的国际关系"相互依存"模式，该模式强调了国际体系中的行为者之间的联系，以及他们对彼此的决定和行动所产生的影响的敏感性，而不是现实主义者会有的独立性和自给自足（另见 Nye，2000，p. 179）。通过说明非国家行为者和进程在世界事务所发挥的重要作用，20 世纪 70 年代的新自由主义多元主义者也为国际关系开辟了更广泛的研究领域。这恰恰对现实主义构成了挑战，因为在现实主义中对于这些重要的非国家因素没有给出任何解释。根据多元主义者的说法，现实主义并没有完整地"指出它是怎样的"，而只是提供了对"现实"片面的描述。这为后来的理论埋下了伏笔。

新现实主义的另一位关键人物是美国学者肯尼思·华尔兹，他在其有重要影响力的国际政治理论（1979）中提出了应对自由多元主义挑战的主要策略。但是，他的一部早期作品《人、国家与战争》（Waltz，1959）奠定了新现实主义范式（也称结构现实主义）的基础。在这本书里，华尔兹提出了政治的三个"形象"，每个形象都对应不同层次的分析——个人层面、国家层面和国际国家体系层面。在第一个形象中，战争的起因与个人层面的人性和行为有关——从自私到被误导的侵略和愚蠢（同上，p. 16）。在第二个形象中，理解战争与和平的关键因素是国家的内部组织或国内组织（同上，p. 81）。第三个形象将国际体系中的国家状况——即无政府状态——视为界定战争必然发生的基本结构（同上，p. 159）。对于华尔兹来说，这是国际关系学者们几乎唯一关注的部分。

为了解决在这种环境中权力的平衡和自助问题，华尔兹阐述了博弈论是如何说明问题的，以及如何从平衡和能力的角度理解权力。

> 博弈论的含义［是］任何一个国家的选择自由都受到其他国家行为的限制……如果一些国家为了寻求超越其他国家的优势，它们就会联合；如果其他国家想要消除这种优势，他们反过来也会结合起来……机会和偶尔使用武力的必要性将国际政治中的权力平衡与国家内部形成的权力平衡区分开来……在国际政治中，没有任何权力能够有效地禁止使用武力。（Waltz，1959，pp. 201–205）

对于其定义的"国际理论"范围内的内容，华尔兹所做的描述比摩根索更准确，通过将理论领域的范围缩小到只关注国际体系结构和国家在体系中压倒性的主导作用，他把多元自由主义中的许多问题都删掉了。华尔兹使用的独特分析方法也使国内与国际得到了严格的区分，而在强调结构作为主要动力的过程中，作为相关因素，人性在国际体系中的作用被删除了。总之，华尔兹的理论强调了必然的无政府状态在多大程度上引发了国家（而不是个人）必要的自我关注行为，这种行为对于生存在一个最终为自己而存在的环境中至关重要。

对于华尔兹和其他新现实主义者来说，这种环境中的危险有很多，尤其是因为一个国家努力提供自身安全（例如加强国家武器库）可能会引起另一个国家的不安全感，然后可能会通过集结自己的军备做出应对。这就是所谓的"安全困境"。它还阐述了新现实主义关于权力平衡的主要概念，因为每个国家都会根据其他国家做出的、可能对自己造成影响的行为进行调整。反过来，这揭示了这种结构（这里指国际政治无政府环境的结构）在多大程度上决定了行为者（国家、政府等）必须发挥其作用——结构胜过作用。

然而，有一些观点对这些假设提出了挑战。例如，一项关于"非洲现实主义"的研究强调了某些特殊的国内政治因素和国内冲突，以及非洲国家间冲突之间的重要联系。这些联系在冷战时期尤为普遍，当时苏联集团和西方联盟的竞争利益在欧洲大陆的许多地方产生了"代理战争"。然而，国内冲突持续至今，有人认为，国内冲突更多需要关注国内政治问题，而不是关注非洲地区国际关系的"无政府状态"（Henderson，2015）。

虽然现实主义者各自的理论存在很大的差异，这里只提到了少数人，但他们共同关注的焦点仍然是权力的力量。正如邓肯·贝尔（2009，p.2）指出的那样，现实主义因此"常常与一种粗糙的现实政治联系在一起，这是一种极度保守的立场，它崇拜国家和军事力量，蔑视国际秩序的渐进变化"。这导致了一种观念，即维护国家利益是寻求权力的首要目标，所有其他国家的目标都应该屈从于这一目标。但这仍然没有回答下面的问题：国家权力的关键要素是什么，以及权力的哪方面的用途最符合国家利益？（Kegley and Blanton，2015，p.28）。虽然现实主义思想家当然可以找到国家利益的狭隘立场，但以这种方式讽刺所有版本的现实主义都是错误的。卡尔的作品中有一种现实主义思想具有的激进优势，这个思想透过权力关系的表层，"揭露了自私、虚伪和愚蠢"，同时对理性和道德在一个以不懈追求权力为特征的世界中的影响提出怀疑（Bell，2009，p.16）。正如我们很快会看到的那样，这种怀疑主义与国际关系中批判性和后现代性思想的各个方面产生共鸣。

马克思主义与批判理论

对现实主义和自由主义的直接挑战来自于马克思主义观点以及马克思主义在批判理论方面的后续发展，这段发展被称为"后马克思主义"。这些发展表现为多种形式，其中有一些是矛盾的。然而，所有马克思主义理论的分支基本上都把资本主义的剥削性质作为重要的研究对象。卡尔·马克思（1818—1883）和他的搭档弗里德里希·恩格斯（1820—1895）都不是国际政治方面的理论家，但是他们所著的《共产党宣言》却强调了资本主义在全球扩张的方式：

> 美国的发现，绕过非洲的航行，给新兴的资产阶级开辟了新天地。东印度和中国市场、美洲的殖民化，贸易……交换手段和商品的增加……使商业、航海业和工业空前高涨。（Marx and Engels,［1848］2002, p.9）

后文写道：

> 不断扩大产品销路的需要，驱使资产阶级奔走于全球各地。它必须到处落户，到处创业，到处建立联系。（同上，p.12）

后来的马克思主义思想流派是"世界体系理论"，最初是由提出了世界"核心－边缘"分歧理论的弗拉基米尔·伊里奇·列宁（1870—1924）提出的，"世界体系理论"反映了帝国主义国家国际经济存在着严重不平衡发展（Lenin, 1934）。20 世纪 60 年代，一些经济学家，主要是在拉美地区工作的经济学家采纳了这些观点，其中包括德国出生的理论家安德烈·冈德尔·弗兰克，他关注富国（核心）和穷国（外围）之间不断扩大的差距。弗兰克认为美国的传统发展经济学是对社会不负责任的、反动，是伪科学，其主要作用是使第三世界国家永远依赖富有国家（Wheeler and Beatley，2004，p.38）。20世纪70年代，伊曼努尔·沃勒斯坦进一步发展了世界体系的概念，该理论认为世界体系是一种社会体系，它具有范围、结构、成员集团、合理规则和凝聚力。世界体系的生命力由冲突的各种力量构成。这些冲突的力量由于压力的作用把世界体系结合在一起，而当每个集团不断地试图把它改造得有利于己时，又使这个世界体系分裂了。（Wallerstein，1976，p.229）。

一些受到意大利马克思主义思想家安东尼奥·葛兰西（1891—1937）启发的学者对世界秩序研究做出了进一步贡献。葛兰西提出了一种与现实主义在处理权利方面截然不同的霸权概念，尽管他也借鉴了马基雅维利的思想。简言之，葛兰西提出，虽然权力通常是通过公然压迫的手段来行使的，包括物质力量的使用或威胁，但在征得同意的情况下，能有效地行使权力。为政治和道德行为设定标准的统治阶级通过霸权获得话语权。随着时间的推移，这些标准成为通常是不容置疑的社会中"自然而然"的一部分（Cox，1983）。这被称为权力的归化。非洲地区从事发展主义政策研究的一些学者，特别是得到世界银行和国际货币基金组织（IMF）支持的学者提出了一个能说明权利的归化在实践中是如何发挥作用的例子。有人认为，对非洲后殖民国家在现代化和进步方面所做的承诺无非是在政治和经济管控机制方面的"霸权诡计"，通过这种手段，利益统治集团能够按照自己的意志行事，因此受其统治的人民会觉得自己所处的境况是"普遍的"、"自然而然的"，最终获得他们"自愿且积极的拥护"（Hintzen，2014，p. 28）。

另一个有影响力的批评理论是基于1923年由一群德国马克思主义知识分子创立的"法兰克福学派"。该理论的代表人物与葛兰西一样，他们都关注文化和社会因素，对经济学和无产阶级领导变革的能力所给予的重视程度要低于传统的马克思主义者。近年来，于尔根·哈贝马斯通过新的社会理论方法延续了法兰克福学派批判性探究的传统，他重点关注新的社会运动在实现解放中的作用，这种解放被理解为摆脱不公平社会条件的自由。更普遍地说，批判理论家强调了启蒙思想——发展人们计算自己真实利益的能力——和解放思想，除了上面的解释之外，它还意味着不仅有不受他人直接胁迫的自由，而且有不受自我约束的自由。因此，启蒙运动和解放运动共同发挥作用，实际上如果没有前者，后者就无法实现。前者本质上是批判性反思。

当代批判性国际关系理论家安德鲁·林克莱特将该领域描述为具有四个主要成就的社会理论。第一，批判理论摒弃了实证主义和"客观现实"的概念，把注意力集中在知识的社会结构和效果上，尤其是造成社会不公平的产生和再生产方式。第二，它反对这样一种观念，即社会结构及其财富和权力的不平等是不可改变的。第三，在解决不平等问题时，批判理论学习并克服马克思主义中固有的缺点，并非否认阶级或生产方式是社会排他性的基础，而是将分析扩展到包括如性别和种族等其他方面。第四，批判理论可以设想出能够打破不合理排他性的新型国家形式，进一步针对国界的道德意义提出挑战，为"后主权形式的政治生活"创造可能性（Linklater，1996，pp. 279–280；另见 Linklater，1998）。

考虑到环境因素，这种方法与更多的各国自身情况是一致的，这些活动需要以某些开明的想法为基础的解放实践。例如，非洲南部的批评家强调了该地区的一些严重问题，从艾滋病毒/艾滋病到内战，他们指出这些现实问题使后实证主义者，特别是后现代主义者/后结构理论主义者所建议的解决问题的方法无法实现（Swatuk and Vale，2001，p.3；Hendricks，2011），该问题会在后文讨论。

英国学派理论与建构主义

20 世纪 70 年代由"英国学派"提出的"国际社会"概念不只是一个系统，像现实主义者认为的那样，在此系统中每个国家只是计算和回应其他国家的行为。相反，国际社会是由若干国家组成的，这些国家"通过对话，达成共识，成立机构来处理国家间关系，并承认在维护国际社会方面存在的共同利益"（Bull and Watson，1984）。因此，尽管国际社会学者一般将国家作为研究的基本单位，并承认权力政治的动态性，但显而易见的是现实主义所强调的内容是适度的，因为与其他社会一样，国际社会也需要遵守共同规范。海德利·布尔在他的主要著作《无政府社会》（1977）中阐明，国际社会的规范层面改善了国际领域的无政府状态，尽管这并非驱逐。尽管如此，无政府状态得到改善，从而使获得和平与安全的条件更加成熟。相较于现实主义观点而言，这些观点与自由主义观点更一致。

　　国际社会的相关理论形成了两个不同的、相互竞争的分支，布尔（2000）对每个分支都做了解释。一个倾向于"多元化"的概念，强调文化差异在政治中的作用。"文化因素"意味着各国可能只能就有限数量的问题达成协议。其中最重要的问题是承认彼此主权和互不干涉内政。应该维护这些规范，即使某个国家认为另一个国家在其内政问题上做出了不恰当的行为。如果各国都能在不考虑其他国家不同规范和价值观的前提下，遵守支持相互承认主权以及在国际领域内不干涉他国内政的规范和规则，那么国际秩序中的各个国家都会变好。因此，虽然各国可能不会有实质性的规范和价值观或相同的目标，但它们确实找到了能在法律上和道德上维系共存的方法。

　　另一个流派为"团结主义"，该理论侧重于人类在文化和其他差异上的统一。在执法方面，当强调国际体系中各国家的团结，或至少是潜在的团结时，团结主义设想尝试在各国之间建立集体意志，以便在必要时各国能采取有目的的行动。比如，当某个国家做出不恰当的行为时，那么其他国家会团结起来强制执行公约。这种做法相当于集体安全——一个隐藏在国际联盟公约中并写入《联合国宪章》里的想法（Dunne，1998，p. 100）。考虑到安理会拥有强大的权利，尽管此种做法的影响力很弱，但仍在 2011 年 4 月的利比亚问题上采用了。更一般地说，多元主义和团结主义立场代表了人类事务中普遍存在的统一性和多样性，这也反映在接下来要讨论的规范理论中的两个主要方面。

　　由于不同学者把对英国学派的见解和/或应用扩展到了新领域及当代问题上，英国学派理论在过去十年左右的时间里已经重新焕发活力（Bellamy，2005；Linklater and Suganami，2006；Buzan，2014）。除了那些把英国学派思想和后来的理论建立紧密联系的人，主要是美国的建构主义理论家（Dunne，1995），其他人也将这些观点与一些重要领域联系起来，如把主权概念化为"具有保护责任",它强调了英国学派理论中传统的团结观点,并在其他方面,显示了理论和实践之间的紧密联系(Bellamy,2002)。我们将在第五章中讨论这方面的一些实际问题。

从英国学派的观点来看,国际政治是社会性的,这与国际关系中的"建构主义转向"是一致的,自20世纪90年代以来,这种理论变得越来越重要。然而,社会建构主义观念本身有着更长的历史。它是欧洲社会理论的产物,更具体地说,是20世纪早期德国社会学家卡尔·曼海姆等人发展起来的"知识社会学"。曼海姆反过来又借鉴了某些与意识形态相关的思想,将其作为由马克思和恩格斯提出的理论的一种形式,这些思想与葛兰西的霸权理论产生了共鸣。在战后时期,彼得·伯杰和托马斯·卢克曼(1966)提出了"现实的社会建构"这一更为普遍的概念,该书试图解释社会制度是如何产生的、因何产生的,以及为什么会随着时间的推移通过习惯化过程而得到巩固,从而构成了一个"现实",这种"现实"往往被后世接受为他们自己生活的固定甚至自然的背景条件。

尼古拉斯·欧努夫(1989)在早期所著的一部国际关系领域方面典型的建构主义著作中应用了社会理论的见解,强调了个人和社会在多大程度上通过制定规则不断构成(构建)彼此,这类似于伯杰和卢克曼所描述的制度化过程。规则体现了某些规范,并且源于能够签订具有约束力的协议的人,即代理人或参与者,之间达成的协议。主权国家和国家体系是已持续了几个世纪的规则制定的产物。支撑这一制度的体制和规范已遍布全世界,几乎所有政治界人士都遵照同一套规则和规范。因此,我们所知道的世界并没有出现,也不会继续存在,这与人类的行动和互动无关。因为它是人类代理的产物,原则上来说,它可以由人类机构改变,尽管这样做并不容易。

规则的执行有时可能需要施加物质力量,但规则本身不是物质实体;相反,它们是观念。正如我们所看到的,许多社会和政治规则不需要强制——人们经常接纳规则的基本规范并做出相应的行为。同样,以国家为单位的国际体系中,国家也倾向于遵循一套规范和规则,即使在无政府状态下也是如此。然而,重要的是要强调,像欧努夫这样的建构主义者不否认物质世界的现实；他们也不总是在社会、观念与物质之间划出明显的界限。相反，它们以复杂多变的方式相互作用，既不会从社会也不会从物质角度去"定义彼此不存在"（Onuf，1989，p. 1）。

建构主义学者也强调，在观念层面上，意义被创造出来。因此，物质对象在不同情况下具有不同的含义。例如，敌人手中的枪与朋友手中的枪有着不同的意义（Wendt，1996，p. 50），除非你的朋友是美国前副总统迪克·切尼，他在一次狩猎旅行中（显然是意外地）射杀了一名同伴。这一点在国际上得到了进一步证明，人们认为友谊和敌意的模式是由同等层次的某种观念或文化环境构成的。例如，虽然加拿大和古巴拥有相对于美国来说大致相当的物质力量，但一个被看作盟友而另一个被视为威胁（Katzenstein，Jepperson and Wendt，1996，p. 33）。

这进一步表明，国家拥有"身份"，不仅是盟友和敌人，在其他方面也是如此。但是，身份并不非固定不变的。例如，在第二次世界大战之前，德国和日本的身份都是具有侵略性的军国主义国家。但在1945年以后，他们的身份转变为和平的贸易国家和西方联盟的成员。今天，作为军事主体，日本在国际社会仍然受到限制，主要是因为其《和平宪法》规定禁止在海外部署军事力量。日本在这方面的反常立场也说明其作为国际安全行动者的身份明显"不正常"（Lawson and Tannaka，2011）。身份转换的另一个有趣例子是南非。它的种族隔离制度从1948年持续到1994年，这个制度使南非成为国际"贱民"，受到一系列的国际制裁，包括抵制体育赛事。1994年后，南非在国内和国际上的转变使它拥有了一个非常不同的身份，2010年世界杯的举办就说明了这一点——在种族隔离制度下那是根本无法想象的。自中国崛起（或重新崛起）为大国以来，中国在国际关系中的身份也经历了转变。但是关于这个身份究竟是什么或将要成为什么，几乎没有一致的意见。从中国的"和平崛起"以及作为国际社会负责任成员的新兴身份，到中国成为国际等级体系顶端的新兴力量，各种观点不一（Li，2009；Wang，2013）。

总之，国际关系中的建构主义者描绘了一幅"全球社会动态的、偶然的和基于文化的画面"，这反过来有可能改变我们对社会现实和知识基础的理解（Adler，2013，p. 114）。接下来我们将讨论社会建构主义的某个特定应用如何为理解权力政治的另一个维度做出重大贡献。

女权主义与性别理论

社会、经济和政治制度及实践的构成性质以及它们所体现的动态权力普遍地成为了女权主义方法和性别理论的重要起点。但首先，让我们了解一下这些术语的含义。"女权主义"指的是一种复杂的现象，人们对这种现象还存在着持续的争论，由于多年来出现了很多的变体，使得这种现象变得更为复杂（Beasely，1999，pp. ix–xvii）。1913 年，一位著名作家评论说她从未弄清女权主义究竟是什么，她说："我只知道，每当我表达出不同于出气筒或妓女的情感时，人们都称我为女权主义者。"（West，引用于 Walters，2005，p. 1）尽管女权主义的含义在当代仍存在很大争议，但人们通常把它看成是一项跨学科的事业，它关注的是"相对于男子而言，妇女在过去和当今社会扮演的社会角色，其背后的动力来源于一种信念，认为妇女因其性别而遭受并曾经遭受过不公正的待遇"（Elshtain，2000，p. 151）。

实际上，女权主义引发了一场社会运动，这场运动始于 19 世纪"第一波"女权主义运动，出现在欧洲和北美以及欧洲的"前哨国家"，如澳大利亚、新西兰和南非。在这些地方，最初妇女寻求与男子平等的法律地位，特别是在选举权方面。事实上，新西兰是第一个给予妇女投票权的国家，妇女在 1893 年获得该权利。自 20 世纪 60 年代以来，在随后的两次"浪潮"中，女权主义思想和行动发生了重大的社会和政治变化，主要发生在西方，但在世界其他地区也出现了。然而，男性和女性对"女权主义"这一术语及其含义仍存在很多敌意。沃尔特斯（2005，p. 3）指出，经常听到一些女士说："'我不是女权主义者，但是……'，当她们继续提出依赖女权主义为基础的主张时，没有女权主义是不可能的。"

从 20 世纪 60 年代起，女权主义学者将注意力集中在妇女如何在以父权制为特征的传统社会和政治结构中处于从属地位。后一概念指的是通过规则、规范和机构——包括与宗教信仰相关的规则、规范和机构——在结构上牢固确立了男性的主导地位，因此倾向于一代又一代地复制。女性主义也挑战了一些被认为是理所当然的关于"人性"的假设，以及这些假设在多大程度上体现在政治理论中。如果某些事态被视为"自然"的或"人性"（如性别等级）中固有的，而不是由通常代表特定利益群体的人类机构造成的，就会对社会组织产生重大的政治后果（True，1996，p. 213）。

国际关系中的女性主义最早出现于 20 世纪 80 年代少数女性学者的作品中（例如，Enloe, 1989；Tickner, 1992），他对描绘女性的方式提出了异议，或更常出现的情况是，她完全是从国际政治视角来写的，尤其采用了现实主义方法。国际领域——主要以无政府世界中的权力斗争为特征——以如此严格的男性化术语表现出来，以至于女性似乎没有任何角色，除了可能存在的花瓶角色，主要是为了衬托男性所扮演的士兵、政治家或现代世界经济领域的国际工业巨头等各类角色。即使作为战争中的受害者，妇女也经常被忽视，直到最近，人们仍然非常不愿意承认强奸实际上被用作战争中恐吓和羞辱敌人的一种普遍策略。2008 年，联合国安理会第 1820 号决议宣布，"强奸和其他形式的性暴力可构成战争罪、危害人类罪或构成灭绝种族罪的行为"（UN Security Council, 2008）。

在前文讨论的问题中对"性别"问题纠缠不清，但范围更广。性别理论产生于女权主义研究，但超出了后者对妇女的具体关注。它关注与男性和女性相关的概念，以及它们如何在社会生活中起作用。虽然这些概念显然与男性和女性的生理类别相关联，但它们并不是一回事。人们通常把性别看作是一种社会结构，而一个人的性别是生物性的（尽管有变性或双性的情况）。举例来说，根据个人风格或行为，一个人或多或少地可以被描述为男性化或女性化。因此，如果一个男性的风格不符合构成男性气质的社会规范，那么他可以被描述为"女性化"。由此可见，性别观念反映了某些关于男性和女性该有的行为方式的社会观念，并且个人应遵照自己的角色。再次，我们可以看到社会建构主义机制的作用，以及自然赋予的男女在角色和行为模式方面存在差异的假设。

性别研究往往被女权主义者所左右，也许是因为相较男性而言，从家庭暴力到贫穷等一系列问题上，妇女仍然处于不利的地位，仍然有如此大的利害关系（www.unifem.org）。但是，近年来对"男子气概"的研究有了显著的增长，这为性别问题和性欲特质，特别是"男性霸权"的概念提供了更多的见解（Connell，2005）。这项工作从早期女权主义研究的逻辑中沿袭下来，因为如果从权力关系的角度来理解性、性别和性欲特质，那么我们必须研究无权者和有权者，后者通常包括男性、男性气质和异性恋（Messerschmidt，2016，p. 1）。一项关于战争和性别的研究强调了性别角色和战争角色之间的明显关系，以及具有广泛跨文化一致性的男性中心地位。但是作者进一步指出，无论是男性还是女性，杀人都不是自然而然的事：他说，"为了帮助士兵们克服厌战情绪，利用文化塑造出将'男子气概'与炮火下表现出的坚忍相等同的性别角色"（Goldstein，2001，p. 9）。

性别和战争之间的关系引出的另一个问题是，如果妇女在国际领袖角色中变得更加突出，世界是否会变得更加和平。这一假设得到了传统方法的隐性支持，传统方法认为男人发动战争，而女人缔造和平。女权主义者和性别学者在这个问题上存在分歧，各种研究也有了不同的发现（Caprioli and Boyer，2001，p. 504）。有趣的是，许多著名的女权主义学者拒绝了这一假设，他们认为尽管某些具体的角色可能会被"性别化"，因为通常男性在肢体暴力中起主要作用，但没有证据表明女性在态度上会天生表现得更加平和（Lorentzen and Turpin，1998）。一位作者分析了前美国总统乔治·布什的国家安全顾问康多莉扎·赖斯煽动"反恐战争"的行为，称她是美国历史上最激进的人之一（Sjoberg，2006，p. 201）。

另一方面，以更大的性别平等和更和平的外交方式处理国际政治事务为特征的社会之间存在着关联（Caprioli and Boyer，2001）。当妇女参与建立暴力冲突后的和平进程时，获得确保和平的成功几率增加了60%以上（Institute for Inclusive Security，2015）。这指向了一个与女权主义、性别理论和安全研究观点相结合的国际关系中的重要研究议题。

后现代主义与后殖民主义

后现代主义是指一个复杂的学术领域，它涵盖了从建筑、视觉艺术到人文社科领域的所有学科。从最广泛的层面来说，它表明了对"现代性"的批判性反应和超越，尤其是对现代科学中出现的理性和确定性的肯定。从社会和政治理论角度来看，后现代主义最好被看成是一种包括知识和权力关系的激进的建构主义形式。它最早体现在德国哲学家弗里德里希·尼采（Friedrich Nietzsche）和（更具争议性的）马丁·海德格尔（Martin Heidegger）等人的思想中，但许多开创性的工作是由法国哲学家完成的。

该领域的许多学者更喜欢"后结构主义"这个术语，他们似乎认为"后现代主义"已经过时了。这些术语所代表的含义当然有细微的差别。一位评论员认为，虽然后结构主义侧重于语言和知识之间的关系，特别是从雅克·德里达的作品和他的"解构"文本的方法中获得灵感，但后现代主义指的是关于社会、文化和历史的基础更广的理论，如让－弗朗索瓦·利奥塔和米歇尔·福柯的作品（Agger，1991）所呈现的那样。但是他们倾向于与批判理论家一起，更普遍地集中于对实证主义的批评，以及传统的知识获取方法，认为这是"隐瞒自己对世界的特定看法的投资"（同上，p. 117）。

德里达的解构技巧拒绝客观性和普遍性的概念，但保留了"二元对立"的概念作为意义建构的基础，如好/坏、亮/暗、自我/其他、优/劣。解构主义的目标是拆除意义的结构并指出这些结构的前提，从而揭示"客观性"本身在多大程度上是一种经常与权力相联系的结构（Edgar and Sedgwick，1999，pp. 108–109）。

利奥塔著名的理论是将后现代状况定义为"对元叙事的不信任"，这表明人们对宏大的思想体系失去了信心，宗教和意识形态（如民族主义、自由主义、社会主义等）就是其中的主要例子。这种系统倾向于将人类生存的特定方式进行汇总、普遍化和合法化。有趣的是，利奥塔还提出，科学总是与这种元叙事冲突，并且已经证明了许多是虚构，也不能免遭批评：

> 只要科学不局限于陈述有用的规律以及寻求真理，它就有义务使自己的游戏规则合法化。那么，它就可以为自己的地位建立一种合法的话语……（Lyotard，1993，p. 71）

福柯开创了一种"家谱"式的分析形式来质疑一些真理,尤其是那些伪装成世界客观知识的说法,同时掩盖了发生在完全主观的利益领域的权力阴谋。因此,"真理"不是一种独立于权利之外的中立的东西,而是诱发权力影响力的东西:

> 每个社会都有自己的关于真理的制度,有自己的"真理"政治:也就是说,该社会可以接受且能帮助其实现功能的话语类型,能够帮助人们区分真伪的机制和实例,以及制裁的手段;技术和过程在获取真相方面具有价值;以及被指控说了算的那些人的地位。(Foucault, 2003, p. 252)

他进一步提出,人类科学本身在这种隐藏中发挥了主导作用,为各种知识主张提供了权威的外衣,这些主张最终可能会被指仅仅服务于权力(Foucault, 1980, p. 131)。

贯穿后现代分析的一个共同主题是拒绝客观真理,进而推论出拒绝包括道德知识在内的坚实知识基础。出于这个原因,后现代主义者经常被指为信奉激进的伦理相对主义,或者至少只对基础理论提出负面批评。然而,国际关系中的大多数后现代作家都关心对主权等结构进行伦理批判,尤其是与它的排斥行为相关的伦理批判(Ashley and Walker, 1990; George, 1994)。在这方面,他们与批判理论家有着共同的立场。即便如此,后现代作家仍然对"解放元叙事"或同源表达持谨慎态度,因为它们与"启蒙工程"相关,其特征是理性、普遍性以及追求客观知识(Spegele, 2014, p. 6)。也有人认为,这些叙述可能导致的行为与它们所取代的行为一样具有压迫性。例如,自由主义把人们从封建主义中解放出来,只是为了把他们带到资本主义。因此,实际上,后现代主义者支持地方特定层面的抵抗,而不是大规模的"解放"群众运动(Griffiths and O'Callaghan, 2002, p. 252)。

后殖民主义也牵涉到后现代主义,它是过去几十年来反抗殖民主义和帝国主义的产物(Young, 2001, p. 19)。普遍认为已故的比较文学教授爱德华·赛义德创作了后殖民主义的创始文本——东方主义（Said，1978）。赛义德的批评出自于一项研究，针对的是"东方"（赛义德的理论中主要指的是中东地区）在欧洲文学中是如何体现的。

他认为，东方主义包含了一种话语，通过这种话语，欧洲人——作为帝国主义者、作家和拥有"专家"知识的学者——从历史上把"东方"主题描绘成一个本质上次等的"他者"，与之形成对比的是欧洲/西方自我的正面形象，从而展示了权力、表象和知识之间的重要联系（同上，第6-9页）。在这些方面，赛义德的作品特别体现了葛兰西和福柯的影响力。

葛兰西的思想在后殖民主义方法中对建立"底层研究"也有很大影响。"庶民"指的是任何被统治的人，无论是基于阶级、种族、性别、民族还是其他一些特殊性。这一学派最初在南亚发展，但现在得到了更广泛的发展，只要是有剥削和镇压的地方就有该学派的思想（Morris，2010）。

对于国际关系学院的学生来说，后殖民主义方法提供了宝贵的批判性见解，他们可以从历史上借鉴欧洲殖民主义和帝国主义是如何塑造当代国际体系的。虽然并不全是欧洲人的功劳，但是欧洲殖民主义改变了整个世界，而其他形式的殖民主义却没有做到这点，这点在前文已有论述。欧洲——或者更普遍地说，"西方"——的叙述仍然是霸权。一位当代后殖民批评家写到，在当前的国际政治环境中，"帝国主义和伪装成'民主化'的新自由主义已经在全世界爆发，目标在不断指向对西方文明构成威胁的人或事，赛义德在其国际关系的书中有明显的暗示"（Nair，2007，p. 81；Darby，2004）。

后殖民主义国际关系方面最新的著作不仅涉及目前帝国主义国家持续的表现，还涉及国际关系本身在多大程度上受到欧洲，或者更广泛地说，受到西方知识的影响。简而言之，国际关系基本上是以欧洲为中心的结构（Hobson，2012，p.1）。至少在处理非西方主题时，探讨这是否会使国际关系本身成为东方主义的一种形式是没有意义的。当然，它的所有主要理论分支似乎都出现在欧洲和北美，包括最关键的分支。因此，几乎所有的国际关系理论都可以被视为种族中心论。事实上，国际关系学科本身的产生可能是由于"非殖民化"的需要，有人认为，可以通过参考非西方的来源、知识和全球正义理念来扩大国际类别以实现其中一部分（Obendorf，2016，p. 35）。

由此引发的问题包括：为什么非西方世界没有出现一个有代表性的国际关系理论体系，对此我们可以并且应该做些什么？一群主要对亚太地区感兴趣的学者在从事这些问题的研究（Acharya and Buzan，2007），紧随其后的是对几乎所有地区都更广泛关注的学者们（Shilliam，2011；Tickner and Blaney，2012）以及近期针对非洲地区提出的国际关系理论的研究（Bischoff，Aning and Acharya，2016）。然而，另一种批评的声音表明，从对非西方世界有利的角度融入想法，或者产生国际关系的"本土主义"流派，对于改变国际关系固有的欧洲中心主义几乎没有什么作用，很可能只是产生一些分支。相反，目标应该是将这一学科重新定位为后西方的非霸权秩序，这种秩序非但没有加强现有的霸权世界秩序，反而（大概）有助于走向更美好的世界（Chen，2011，pp. 259–278）。

规范国际理论与绿色理论

尽管几乎所有的国际关系理论，包括现实主义理论，在某种意义上都是"规范性"的，但国际关系中有一个独特的规范性理论分支，它指的是国际领域中道德或伦理层面的活动，以及对国际领域问题的阐释。规范理论范围内的实际问题范围很广，从干预到公正分配，从核问题到环境问题以及各种各样的人类问题。然而，正如我们所看到的，规范性国际理论很少得到现实主义者的明确关注，尤其是当与实证主义方法相结合时，后者一般会拒绝科学研究中的规范性考虑。虽然自由主义、马克思主义、批判理论、女权主义、后殖民主义和绿色理论都有其固有的规范性，但现实主义的方法认为道德只能在主权范围内实施，而不能在无政府状态下实施，在无政府状态下，没有最高权威来做出正确的行为。

自20世纪80年代以来，规范性理论的再次兴起，对现实主义观点提出了挑战，尤其是随着上文提到的替代方法的普及。越来越多的人关注文化在世界政治中的作用，这也推动了规范理论的发展，为一些关键的辩论埋下了伏笔。这些问题主要围绕规范理论的两种不同方法——世界主义和社群主义——展开，这两种方法尤其对人权有重要影响，自1945年以来，人权已经成为国际政治的一部分（Forsythe，2006，p. 29）。

在考虑社群主义的时候，我们可能会想起早先关于亚里士多德对特定的地方政治共同体——城邦的规范性承诺的讨论。同样，当代社群主义，顾名思义，关注的是特定政治团体或国家的道德地位和价值。这与最早出现在古代斯多葛派哲学中的观点形成了鲜明的对比，即存在一个超越地方特殊性和文化规范并拥有自身道德地位的人类社会——国际大都市。因此，国际道德涉及所有人之间的相互义务，而与来自于哪个国家无关。对人类平等的国际性承诺也意味着某些义务会延伸到每个人，不管他们的宗教、性别、年龄、阶级、文化亲和力或任何其他特殊性。这是体现在人权概念中的通用主义的本质（这个术语通常与世界主义同义）。因此，人类才拥有"人权"仅仅是因为人类自身的人性，而不是因为他们是某一类特殊的人（Lawson，2006，pp. 48–50）。

相反，支撑许多社群主义方法的文化主义观点认为，人首先是特定社群的生物，这是其文化的一个决定性因素，并使其成员成为特定种类的人。此外，由于规范和价值观——包括权利和义务的概念——主要源自"文化"，而不是某些普遍的人类心理所固有的，因此不同的文化群体对正确和错误、善和恶等有着不同的概念。世界道德主义的文化批评家进一步指出，普遍人权的假定主题——被剥夺了文化或社会背景的个人——是虚构的，只有具有不灵活启蒙心态的西方人可能会赞同这个主题。他们认为，非西方文化不具有将一个人与其社区分开的知识，因此不能轻易地接纳个人主义的概念，个人主义是普遍人权理论的关键（Lawson，2006，pp. 50–51；Langlois，2009，pp. 201–214；Boucher，2003）。

在这里，我们可能会想到英国学派在国际社会方面的不同观点——即多元主义，它强调文化差异在政治中的作用，这反过来又支持一种强有力的不干涉主义的立场；"团结主义"更加注重人类团结，而不是文化和其他差异，并为危机局势中的人道主义干预打开了大门。这些相互竞争的方法直接反映在前文概述的规范立场上。这些方法还指出了联合国实际所处的困境,一方面,它建立在不干涉各国内政原则的基础上;另一方面,它赞同《世界人权宣言》所体现的人道主义的根本原则,这意味着有义务在危机时期进行干预。竞争职位之间的综合是否可能?回答是肯定的。人们可以兼顾普遍性和特殊性,构建包含这两方面的规范理论(Lawson, 2006; Adler, 2005)。

规范性国际理论还有许多其他值得关注的问题,但我们认为这是一个近年来迅速发展的领域,因其自身的能力被视为一种独特的理论。"绿色理论"的出现是为了应对与工业化相关的各种危机及其对物质或自然世界的影响。事实上,它关注的是"地球整个自然生态系统的生存"(Vincent, 2003, p.182)。随着人类对气候变化的日益关注,绿色理论受到了重视。根据大多数科学研究,气候变化是由过量的碳排放导致的,并有可能破坏全球环境。其他问题包括对生物多样性的威胁、荒漠化和各种形式的工业污染。

如同其他社会理论和政治理论一样,有各种相互竞争的分支,或者,就绿色理论而言,我们可以说是深浅不同的部分——从浅绿色到亮绿色到深绿色。就目前而言,我们将考虑两种不同的方法——"环境主义"和"生态主义"。前者涉及环境问题的管理方法,假设这些问题可以在不彻底改变生产和消费模式的情况下得到解决。它只是试图改革现有的社会工业体系来缓解尖锐的问题,因此缺乏强大的意识形态优势。另一方面,生态主义在改善人类与自然世界互动的方式上有了本质的改变,它高度强调"自然"本身。它有一个独特的意识形态框架,包括对人类状况广泛的社会和政治分析,以及对更美好世界的规划愿景(Dobson, 2007, pp. 2–3)。

更激进的生态主义方法是整体性的,因为它针对的是整个系统,而不仅仅是某一部分。它试图展示社会、政治、文化、经济、地理、生物和其他相关因素之间的联系,这些因素共同构成了全球相互依存的复杂形态。这个统一的概念反映在"盖亚假说"中,该假说认为整个地球是一个单一的有机体(Vincent, 2003, p. 183)。许多生态学家认为,这与西方工业化社会根深蒂固的思维方式正好相反。总部设在英国的"深度生态学研究所"最初发表的一份声明称,人类是地球的一部分,而不是与地球分开或分离的，这一概念与（西方）文化中占主导地位的个人主义形成了鲜明对比，"认为把我们自己与我们所处的世界分割开会让我们不易受地球上所发生的事情困扰"（Johnstone，c.2000）。

一些更明确地表示参与国际关系理论研究的人已经更全面地描绘了绿色政治思想和批判理论之间的联系，同时也让主权国家在解决绿色问题中成为重要角色。例如，罗宾·埃克斯利驳斥了许多激进方法中隐含的反国家主义，认为国家作为一个非常强大的机构，可能会发挥积极、重要的作用。这涉及重新塑造国家的规范作用，也是其合法性的基础，早期关注的是国内和军事安全以及国家社会监管，现在更广泛地关注是否能够应对当代生态挑战。因此，所需要的是重塑主权国家，而不是拒绝或规避主权国家，由此可见，仍需要建立一个以国家为行为主体的国际体系（Eckersley，2004，pp.4-6）。

结论

上文讨论的每一个理论或方法都代表了一种看待和解释世界的不同方式，这取决于哪些问题和利益受到威胁，这个国家占据什么有利位置，必须说，这个国家可能在哪方面希望获利。然而，本章并没有试图将任何特定的理论方法说成优于其他的方法，也没有试图贬低任何一种方法的价值。相反，本章说明了看待和解释世界的方式是多种多样的，以及他们各种主张是以什么为基础的。它强调了在全球和地方两级的政治和社会变革背景下理论发展的方式，以及理论思想该如何应对及相互挑战。

虽然与"自然"有关的想法，以及规范性假设对自然（因此是好的）的解释显然是绿色理论的核心，但我们在本章中也看到，相关的想法在所讨论的许多理论中都出现了。关于人性和自然状态的观点在古典现实主义中非常突出，而自由主义者则提倡更乐观的观点。还有一些批判方法对一些"自然状态"的观点在多大程度上提供了道德标准和正确行为提出了质疑，认为这些想法只为当权者提供合法服务，同时根据他们的性别、种族或社会经济阶层剥夺其他人的合法权利。因此，批判性的方法揭示了这样一个事实，即某些"现实"被认为是自然产生的（如性别不平等、性别角色、社会和种族等级、资源分配的差异），这些"现实"是通常服务于某些特定利益的社会结构。从更广泛的层面上来说，还必须强调的是，关于政治关系的社会性质的假设在大多数国际关系理论的方法中是隐含的。最重要的是，这一章说明了理论和实践之间的重要联系，这两者往往相互对立，但又不可分割地相互依存，这一点在后面的章节会进一步讨论。

扩展阅读

Acharya, Amitav (2014) *Rethinking Power, Institutions and Ideas in World Politics: Whose IR?* (Abingdon: Routledge).

Booth, Ken and Toni Erskine (eds) (2016) *International Theory Today* (2nd edn, Cambridge: Polity).

De Mars, William D. and Dennis Dijkzeul (eds) (2015) *The NGO Challenge for International Relations Theory* (Abingdon: Routledge).

Drezner, Daniel W. (2015) *Theories of International Politics and Zombies* (revised edn, Princeton: Princeton University Press).

Lawson, Stephanie (2015) *Theories of International Relations: Contending Approaches to World Politics* (Cambridge: Polity).

讨论问题

- 从完全客观的角度来看，国际政治的"事实"能简单地为自己辩护吗？
- 不同的国际关系理论在多大程度上反映了人们看待世界的不同方式？
- 国际关系中的各种理论在多大程度上反映了规范性的问题？
- 在所有国际关系理论方法中，权力概念的重要性如何？
- 不同的国际关系理论是如何解释"自然"一词的？

第四章　20世纪的国际关系

人们普遍认为20世纪是人类历史上最血腥的一百年。除了欧洲的世界大战和大屠杀，波尔布特在柬埔寨的残暴政权，发生在亚美尼亚、卢旺达和危地马拉可怕的种族灭绝，夺去了数百万人的生命。工业化水平和科学技术的日益成熟也使现代战争截然不同于前几个世纪。1945年到1989年的冷战，全球大多数国家都不同程度卷入其中，尽管这没有引起主要参与国之间的大规模"热战"，但在此期间，世界各地发生了许多较小规模的战争，40年左右的时间里就夺去了数十万人的生命，这些都与超级大国之间的军备竞赛直接相关。此外，正是在冷战期间，人类灭绝成为一种真正的可能。

20世纪也是非殖民化的重要时期。非殖民化以欧洲自决原则为基础，这一原则现在已扩展到世界其他地区。随着苏联的瓦解，这一理论的实际应用得到了进一步加强。苏联的瓦解见证了主权国家的又一次增多。与此同时，身份政治似乎出现了。这不是一种新现象，而是一种充满活力的动态形式，填补了共产主义和自由民主、资本主义之间旧的意识形态竞赛崩溃瓦解留下的空白。20世纪后半叶和本世纪初，尽管通过文化因素来调解规范的主张给问题带来了新的复杂性，但有关民主和人权的国际规范也有所完善。

本章回顾了20世纪的一些重大事件，19世纪后期对以后发生的事件产生重大影响的某些关键性发展，以及导致这些历史事件的思想。因此，本章涉及的范围最好被描述为"漫长的20世纪"。这借用了历史学家费尔南·布罗代尔和艾瑞克·霍布斯鲍姆的观点，他们两人都将历史"延伸"了几个世纪，在这些世纪里，他们的研究重点还是围绕自己关注的几个特定世纪。因此，这一章包含了 19 世纪欧洲国家形成和工业化的后期阶段，这一时期对世界其他地区和 20 世纪的重大事件产生了至关重要的影响，并以 2001 年 9 月 11 日的"9·11"事件结束。因此，本章的目的不仅是阐述 21 世纪早期更为直接的国际历史环境和我们现在面临的所有挑战，而且进一步说明思想与事件、理论与实践之间的密切关系，这对理解任何时期的世界政治都至关重要。

战争中的世界

欧洲在 19 世纪经历了一段重大的政治、社会和经济变革之后进入了 20 世纪。这是由工业革命、资本主义的增长、通过殖民主义扩大的欧洲权力以及与殖民主义一起开放新的贸易制度和获得遥远土地的资源所推动的。工业革命始于 18 世纪中叶的英国，到 19 世纪后半叶，工业革命已经蔓延到欧洲大陆以及北美的大部分地区。这显然与科学知识与技术的进步相关，更广泛地说，与启蒙思想相关，尤其是"进步"和"有用知识"的产生（Mokyr，2007，pp.4-5）。然而，科学与技术也在第一次世界大战的毁灭、死亡中发挥了重要作用。它代表着战争技术的彻底革命，这有效地产生了工业化战争（Sondhaus，2011）。

正如第一章所述，工业革命也标志着人类纪的开始。到 19 世纪中叶，马克思和恩格斯观察到：在上个世纪，随着"自然的力量服从于人、机械、化学在工农业中的应用、蒸汽导航、铁路、电力电报、开垦整个大陆进行耕作、河流渠化"，出现了"比所有前几代人更庞大的生产力"。（Marx and Engels［1848］，2009，p.47）。一个半世纪后，商业和工业大规模扩张，生活在西方的大多数人生活水平提高和寿命延长。当然，代价也很明显，那就是对环境也产生了同样巨大的影响（LaFreniere，2008，p.277）。

然而，随着 19 世纪的结束，其他问题占据了政治舞台。主权民族国家已经成为欧洲政治共同体的准则。在 1795—1815 年拿破仑战争之后，欧洲也经历了一段相对漫长的和平时期。虽然历史记录显示在这一时期也出现了许多冲突，但通常都发生在国家内部以及帝国领域（见 Halperin，

2004）。这些战争总的来说不是大国之间的战争，当然也不属于 20 世纪的世界大战。

通常用来解释 19 世纪相对和平的大国关系的一个重要因素是打败拿破仑的国家之间的力量平衡。英国、法国、普鲁士和奥地利一起指挥着所谓的"欧洲音乐会"。这是建立在权力平衡外交基础上的，体现在一系列特别的多边外交上旨在防止麻烦的会议。但是，尽管取得了一些成功，麻烦正在酝酿。在整个 19 世纪期间，欧洲的国家形成过程一直在进行。19 世纪 70 年代，德国统一为一个单一的民族国家。虽然是在联邦政府的管辖下，但当时德国是欧洲最大的国家。德国的扩张使其增加了贸易和市场机会，提高了其大国地位，收购了非洲和太平洋的殖民地。欧洲的老牌大国对德国的野心有相当大的抵制，他们都担心德国有统治的潜力。

这些事态发展，加上奥匈帝国、奥斯曼帝国和沙皇俄国帝国的衰落以及伴随而来的东欧和中欧部分地区的民族主义抬头所造成的不稳定，创造了一个条件。在这种条件下，1914 年的一次事件——奥匈帝国的继承人费迪南大公被萨拉热窝的塞族民族主义者暗杀——可能会引发当时欧洲最严重的冲突。它很快也波及世界上许多其他地方。众所周知，"大战"结束时，大约有 900 万人死亡——其中大约 800 万是军事人员，100 万是平民。这场冲突造成的毁灭性生命损失、财产破坏和地理扩散是前所未有的。但是伤亡的平衡性仍然取决于军事方面。从那以后，战争的天平发生了变化，因此现在对平民的影响要大得多。

自从萨拉热窝那一天以来，一个重要的问题被问了很多次：一次事件是如何引发世界历史上如此毁灭性的事件的？人们在战争恐怖之后立即开始寻找答案和解决方案。无论从实践还是从知识角度来看，这都成了一个深受大家关注的问题。正是在这种背景下，国际关系作为一门学科的学术研究正式确立。在此之前，这一主题当然得到了研究，但通常是作为历史、法律和政治理论的一部分，而不是在专门的学术流派中。

1919 年，该学科设立的第一个大学教授职位是阿伯里斯特威斯威尔士大学的国际政治系主任。这是威尔士慈善家大卫·戴维斯捐赠的，他希望更好地理解国际领域的政治会促进持久和平与安全。主席是以美国总统的名字命名的，以表彰他致力于寻找致命冲突问题的持久解决方案。威尔逊，前政治学教授，以"为民主创造一个安全的世界"为名，曾将美国卷入战争。正如我们所看到的，他是自由主义思想的坚定支持者，他认为民主人士之间不会发生战争。如果整个欧洲都在民主政权统治下，战争根本就不会发生。

威尔逊和大西洋两岸的其他有影响力的人士也认为，世界需要一个强大的国际组织来遏制导致这场巨大战争的侵略倾向。同样，这是旨在控制无政府状态和确保和平与安全的自由思想的表现。这些新想法以及协调一致的政治行动的一个主要结果是国际联盟。这被广泛认为是引入一个致力于维护国际和平与安全的国际组织的第一次真正尝试，尽管它也是为了延续欧洲帝国主义而成立的。国际联盟的任务是管理德国和奥斯曼帝国的属地，并将其授予第一次世界大战的胜利者。虽然这些领土最终将成为自治领土，但那些拥有授权的人并不急于为殖民地人民宣告这一目标，而且直到第二次世界大战后，这些目标也几乎没有实现。

威尔逊在1918年1月美国国会联席会议上著名的"十四点"演讲中阐述了他对联盟的基本想法，并成为同年11月的《世界和平纲领》的基础。前十三点涉及战争引起的各种问题：从国际公约到国际水域航行，降低贸易壁垒，减少国家军备，"公正调整"殖民主张，调整欧洲和前奥斯曼帝国的各种边界，等等。《世界和平纲领》中的第十四点建议根据特定的公约成立一个国家总联盟，目的是为大小国家提供政治和经济独立和领土完整的相互保障（全文转载于 Commager，1973，pp.137-143）。

威尔逊的"观点"被采纳并被视为战后和平解决的基础。国际联盟的契约是由主要胜利者——英国、法国、意大利、美国和日本——在1919年正式起草的，威尔逊是其主要建筑师。然而，美国参议院拒绝批准凡尔赛条约，该条约将使美国成为联盟成员。这只是困扰新生组织的许多问题之一。它旨在作为一个集体安全组织发挥作用——取代以前在国家间建立的秘密联盟，这些联盟被视为威胁国际和平的主要问题。集体安全的理念得到了以下原则的支撑：对联盟一个成员的攻击将通过所有人的统一行动来解决，尽管这种行动是自愿的。然而，大多数较大的成员国都有其他诉求，并且缺乏对联盟基本原则的承诺。例如，一位历史学家写到，战后伦敦的政治家们关注的是其他问题，而该联盟很快就"在很大程度上与小国的愿望联系在一起"（Yearwood，2009，p.3）。该联盟未能按其本意发挥作用，当然也未能阻止第二次世界大战。人们普遍认为，它的问题至少部分与凡尔赛条约本身有关，该条约将战争的责任完全归咎于战败的德国人，他们被迫付出高昂的代价。

从"我们时代的和平"到全面战争的回归

《凡尔赛条约》未能解决欧洲的一些政治问题，并加剧了其他问题，尤其是东欧新国家的问题。尽管和平的缔造者们担心德国有能力再次崛起，但新东欧的建立只是把德国包围在弱小国家的周围。当德国重建其军事实力时，这些弱小国家就将被德国轻易占领。他们成立的一个原因是在西欧和新共产主义国家苏联之间建立了"缓冲"国家，这被广泛认为是一种威胁——并非没有理由。共产主义有自己的国际主义版本，但与自由主义思想完全不一致。自由主义为现代资本主义经济学奠定了基础。

在国际经济领域，尽管全球经济疲软，美国已经成为新的经济强国，是世界上最大的生产国、出口国、贷款国和金融国。但是，货币交易所、劳动力市场和商品价格下跌的问题是导致1929年11月纽约证券交易所崩溃的因素之一，这引发了大萧条。从经济和社会角度来看，对全球的影响是毁灭性的。到1932年，许多国家的工业生产减少了一半，世界贸易减少了三分之一（Kennedy，1988，pp.364-365）。在欧洲，这对政治和军事发展的负面影响是不可避免的。

然而，到20世纪20年代末，似乎一个新的和平的国际政治时代真正开始了。只有巴拉圭和玻利维亚这两个国家处于武装冲突中，一些重要的国际协定和条约已经被加入到正在形成的国际架构中。德国显然已经与其前敌人达成和解，并加入了国际联盟。但是它也在重新武装。当希特勒在1933年成为总理时，德国的军事实力已经相当可观了。希特勒还计划向东扩张，为正在崛起的第三帝国的德国人寻找生活空间。1938年，英国首相内维尔·张伯伦与希特勒签署了臭名昭著的慕尼黑协议，据称这象征着双方对"我们时代的和平"的渴望。但是，这在英国和其他地方被广泛解释为对一个侵略性和军国主义德国的无效绥靖行为。现在的德国已经全副武装（Anievas，2011）。

世界其他地区的发展也很重要，最重要的是日本作为亚太大国的崛起。从19世纪60年代后期开始，在被称为"明治维新"的时期，内部类似封建的秩序和孤立主义政策被放弃了，取而代之的是快速的西式工业化和区域拓展。日本在经济和军事上的实力和影响力都有了巨大的增长。这也增长了帝国主义野心，促进了日本在朝鲜、中国台湾地区和中国大陆取得的进展。这使得它在1904—1905年在中国满洲地区与俄罗斯发生了武装冲突。这场战争以俄罗斯的失败告终，正如人们经常说的那样，这也是一个非西方国家第一次战胜一个欧洲大国。

在接下来的几十年里，日本的势头一直保持着。19世纪末，中国国内的实际政治崩溃使日本加强了对东亚地区的统治。日本利用真空，在希特勒在德国赢得压倒性选举的同一年，在满洲建立了一个傀儡国家。日本是国际联盟的成员，但在占领满洲之前，日本对凡尔赛条约的某些方面越来越不满意。尽管如此，日本国内的一些人士仍然致力于国际主义，但其他更激进、主张军国主义的人占了上风。如同在德国和意大利一样，大萧条的影响增强了右翼极端分子的影响力，导致了一种特别暴力的民族主义形式的出现（Carothers，2001，p.64）。日本现在正沿着与西方前盟友和贸易伙伴对抗的道路前进。

然而，德国1939年9月入侵波兰引发了第二次世界大战。在接下来的六年里，战争直接导致了5000多万人死亡。这一次，死亡的平民是士兵的两倍多。其中，至少有600万人被蓄意杀害，而被杀害的原因是他们的犹太人或吉普赛人的宗教或族裔身份，或作为精神缺陷者、性变态者或只因是单纯的政治对手。这是一场杀戮，今天被称为"大屠杀"。

1945—1989 年世界政治结构的变化

尽管 1914—1918 年的战争摧毁了欧洲大陆，但在两次世界大战之间，欧洲仍然是世界政治的中心。这在很大程度上没有受到美国经济主导地位的影响，美国大部分时间更关心它在拉丁美洲的影响。尽管正如我们所见，在国际联盟授权管理下，德国和奥斯曼帝国已经移交给其他国家，欧洲大国在很大程度上仍保留了对它们的控制。这几乎没有影响德国重建的能力。事实上，遥远的小殖民地通常比其他任何地方都更有经济负担，它们拥有的并不仅仅是地位。第二次世界大战后，国际气氛发生了显著变化。哈罗德·麦克米伦 1960 年在南非发表了著名的"变革之风"演讲，他指出世界各地殖民地人民对独立的要求越来越高，到 20 世纪 80 年代主权国家的数量增加了一倍多。

一些欧洲殖民地在 19 世纪和 20 世纪早期已经成为独立国家。他们是西班牙和葡萄牙曾经在拉丁美洲拥有的殖民地，以及澳大利亚、新西兰、南非和加拿大的前英国殖民地。在这些地方，来自欧洲的移民主宰着土著居民。现在，非洲和亚洲大陆的殖民地人民以及加勒比海、太平洋和印度洋的大多数岛屿群都寻求同样的主权地位。甚至在从未被殖民的地方，如泰国和汤加王国，以及奥斯曼帝国的心脏——土耳其，也采用了欧洲主权国家的形式。

在冷战酝酿的同时，联合国作为一个致力于建设和维护新的和平世界秩序的组织而成立。它也为倡导人权提供了一个重要论坛。鉴于战争中的种族灭绝暴行，这个问题现在显得更加紧迫。而且，虽然我们只能推测世界历史的进程，但是如果没有联合国，冷战很可能会变成一场重大的热战。但是，尽管一场重大的世界性战争从未真正爆发，但冷战的影响仍然波及全球。第三世界的许多较小规模的战争都与冷战动态直接相关。这些战争包括朝鲜战争和越南战争，以及其他以共产主义或反共为名的战争，主要是内战。今天我们仍能感受到这些战争对世界的影响，最明显的例子是阿富汗。因此，即使冷战可能已经结束，它的致命影响依然存在。

是什么导致了冷战？由于苏联和美国在第二次世界大战中与轴心国结盟，人们可能期望共同的目的会为未来更积极的关系奠定基础。但是，一个共同敌人的灭亡让世界上两个最强大的国家，带着他们强烈对立的意识形态，以及一种新出现的展示他们力量的意愿，在一个大部分被欧洲大国腾空的世界舞台上相互对抗。战后欧洲的政治框架成为紧张局势的主要根源，直接引发了冷战。试图将导致世界陷入冷战的"责任"归咎于一方或另一方已被证明是徒劳的。相反，至少在学者中出现了一种共识，认为这是"复杂的行为和互动模式的结果。在这种模式中，国内政治、领导人的个性和误解都在制造关系混乱中发挥了作用，这种关系混乱后来被称为"冷战"（Bowker，1997，p.245）。

美国早期对苏联政策的关键是"遏制"苏联的野心，这是美国外交官乔治·凯南在1947年提出的政策理念。它的范围最初相当有限，后来被极为重要的"杜鲁门主义"给予了更广泛的应用。该理论试图为受到内部颠覆或外部压力威胁的"自由人民"提供积极的保护和支持。该学说很快成为美国支持各种镇压的基础。世界各地的右翼政权声称热爱自由的唯一凭据是他们坚决的反共。这导致了美国对智利和越南等地的秘密和公开干预，而凯南本人对此深表反对。

美国设计的战后政策中更为成功的是"马歇尔计划"。官方称之为"欧洲复苏方案"。美国向西欧国家提供赠款和信贷，总额约为132亿美元。在1948年至1952年期间，该计划的成就超过了最初的预期，欧洲的工业生产上升到35%，农业生产上升到战前水平的10%。美国对西欧的援助对美国经济也有巨大的好处，因为它刺激了其出口的重要市场。复苏方案得到了新的国际货币体系的进一步协助，其中包括建立国际货币基金组织（货币基金组织）和国际复兴开发银行，这就是被人所熟知的世界银行，这两个机构都计划1944年在新罕布什尔布雷顿森林度假村举行44个盟国的会议（Keylor，1996，p.264）。在美国看来，"马歇尔计划"的最初目的之一是创造一个强大的西欧，能够抵御来自苏联的任何威胁。

出于对西欧防御苏联及其盟国的担忧，1949年4月柏林危机后，北约成立。柏林市在地理上位于苏联占领区的中心，它本身也被划分为占领区。当苏联封锁了从西方进入这个城市的所有陆路时，美国和英国开始空运重要物资到他们的部门。苏联随后解除了封锁，而不是让冲突升级。但是这次事件造成的紧张局势连同其他事件一起促成了一个军事联盟的建立，目的就是阻止苏联的进一步"侵略性"行为。反之，苏联支持签订华沙条约，尽管直到1955年5月这一条约才实现。条约虽对改变东部现有的安全局势几乎没有什么帮助，但这些局势完全由莫斯科控制（Bowker，1997，pp.86-87）。

在世界的另一边，第二次世界大战伴随着毁灭性新武器的展示而结束。当柏林在1945年5月落入盟国之手时，日本的战争直到8月份才结束，当时美国空军向长崎和广岛投下了原子弹。这一行动被认为是第二次世界大战的最后一枪，也是冷战的第一枪，因为它不仅是为了让日本相信进一步的抵抗毫无意义，也是为了显示出比苏联更强的实力，从而劝阻他们不要在太平洋地区寻求更多的权利——更不用说在战后日本政府扮演任何角色了。与德国不同，战后日本的发展完全掌握在美国手中。

随着1949年毛泽东领导的中国共产党战胜蒋介石领导的亲西方势力，亚洲的冷战呈现出另一种局面。后者撤退到台湾地区，而前者巩固了对中国大陆的领导。世界上最大的国家现在处于共产主义控制之下。有中国人民志愿军参加的朝鲜战争夺去了近28000名美国人的生命——朝鲜人伤亡超过100万，而中国人死亡人数约为90万。超过58000名美国人和少量来自澳大利亚和新西兰等盟国军人死在了越南战争中，这与大约100万名越南人的死亡形成鲜明对比。虽然朝鲜战争以某种僵局告终，但越南战争显然是美国及其盟友的失败。后者中的美国人的伤亡造成了后来被称为"越南综合征"的现象。简而言之，这表明了美国的政策立场限制了美国军队参与海外冲突的坚定立场。

1991年海湾战争使这一立场有所改变，这场战争获得了巨大成功。但是糟糕的情况在1993年卷土重来。当时18名美国军人在索马里的一次拙劣的突袭中丧生。这个国家当时实际上已经崩溃，这主要是冷战的遗留问题，美国士兵被派往该国试图恢复某种形式的国内秩序。因此，美国似乎越来越不愿意派遣人员到这样的麻烦地点并支持联合国的任务。一种新形式的反干涉主义出现,后来被称为"索马里综合征"。有人认为,美国的瘫痪是后来卢旺达、波斯尼亚和达尔富尔出现种族灭绝的原因之一。除此之外,这还造成了国际安全真空,基地组织得以出现(Patman,2010)。当然,在"9·11"袭击之后,乔治·布什领导下的美国几乎没有采取不干涉主义的路线。但是在奥巴马的领导下,对利比亚和叙利亚危机的反应说明了一种更加谨慎的干预方式。虽然由美国领导的北约干预表面上只是为了保护平民,但最终迫使政权更迭,这与在阿富汗和伊拉克的全面干预完全不同。对叙利亚来说,阿萨德政权的军队大规模屠杀平民,但这并没有引发类似在阿富汗和伊拉克的全面干预,因此奥巴马政府不仅被指控没有一视同仁,还被指控道德领导失败(Guiora,2011,pp.251-276)。

冷战时期的战争和相关动态没有达到两次世界大战的规模,但它们在非殖民化世界中造成了巨大破坏。在那里,新的国家正在努力实现稳定。在一些地方,西方势力试图推翻甚至暗杀当地政治领导人,进行秘密干预。一些事件与地缘战略结盟有关,但也涉及其他问题,例如资源。1961年第一位当选的刚果总理帕特里斯·卢蒙巴遇刺,无疑是与比利时和美国利益相一致的势力所为。在这种情况下,蒙博托·塞塞·塞科掌权,他是军事领导人,1971年成为该国总统,改名为扎伊尔;由于他强大的反共资历,他杀人不眨眼的政权一直得到美国的支持,直到1997年他去世。蒙博托统治下的国家几乎没有繁荣,但是他去世后的内战带来了更大的痛苦,最终在冲突中死亡的人数是自第二次世界大战以来所有冲突中最多的。一份报告指出,1998年8月至2004年4月期间,在大部分战斗发生时,约有380万人死亡,尽管其中大部分人死于饥饿或战争造成的疾病,而不是直接暴力。另有数百万人在国内流离失所或成为难民(Global Security. Org,2016)。

冷战政治的另一个特点是美国在民主和非民主欧洲的秘密监视和行动,特别是在意大利。但是针对非欧洲国家政府的秘密行动尤其破坏稳定,这些国家包括1953年的伊朗、1955年的印度尼西亚、20世纪60年代的巴西、1973年的智利和20世纪80年代的尼加拉瓜(Forsethe,1992,p.385)。20世纪80年代中期里根政府期间的一系列特别复杂的事态发展被称为"伊朗门事件",其中包括在伊朗与伊拉克交战时与伊朗秘密进行武器交易(美国当时支持这一交易),这与不向任何支持恐怖主义的政府提供武器的政策背道而驰。还有一项同样秘密的协议,释放被真主党扣押在黎巴嫩的七名美国人质,并将出售武器所得的资金输送给试图推翻那里左翼政府的尼加拉瓜右翼反叛分子,尽管当时美国国会明确禁止向反叛分子提供资金(Wroe, 1991)。

冷战和非殖民化时代,第三世界作为国际关系中的一个实体出现了,上述大多数国家都属于这个实体。在这里,我们可能会注意到,第三世界这个术语虽然现在已经失宠,但仍然经常被简单地用来指生活水平低于发达世界的穷国。但是,它在冷战期间的出现本质上是一个地缘政治术语,表示那些据称既不与构成第一世界的西方联盟结盟,也不与构成第二世界的苏联集团结盟的国家。许多第三世界国家组成了不结盟运动。它的起源可以追溯到1955年在印度尼西亚万隆市举行的第三世界国家会议,出席会议的有埃及的纳赛尔、加纳的恩克鲁玛、印度的尼赫鲁和印度尼西亚的苏加诺,几乎所有这些国家都是位于非洲和亚洲的前殖民地——尽管南斯拉夫领导人乔西·布罗斯·铁托也是创始成员。事实上,不结盟运动于1961年在贝尔格莱德正式成立。

尽管正式不结盟,但不结盟运动的许多成员事实上与一个或另一个主要大国集团有着密切的联系。例如,古巴与苏联关系密切,而马来西亚支持西方联盟。总体上,出席首次会议的领导人在抵制大国的压力和保持其独立性方面面临着共同的问题。自冷战结束以来,人们的关注已经从地缘战略问题转向国际体系中不发达国家的核心问题:贫困、疾病、援助和贸易、全球化的影响等。不结盟运动现在有120个成员,并将继续每三到四年举行一次首脑级会议。

鉴于不结盟运动的后殖民性质,不结盟运动的一个主要目的是"不断战斗,确保受外国占领和统治压迫的人民能够行使其不可剥夺的自决权和独立权",这并不奇怪(Government of India, 2012)。尽管不结盟运动的言辞倾向于外国势力压迫和那些强大国家在国际体系中的主导地位,但它面临着极大的矛盾,因为它自己的许多成员都是专制国家,盗贼统治政府,人权记录不佳——所有这些在北非和中东支持民主的叛乱的因素都出现在2010年12月的突尼斯,通常被称为"阿拉伯之春"。

总的来说,国际冲突以及内战造成的死亡和痛苦显然是冷战时期的一个特点。这通常不涉及大规模毁灭性武器(核生化武器),这种武器已经不再稀有。如果第三次世界大战爆发,核武器被使用,你现在很可能不会有机会阅读这本书了。庞大的核武库意味着全球毁灭的可能性成倍增加,特别是因为全面核战争对环境造成的破坏很可能会使地球变得不适合居住——除了蟑螂和其他一些能够经受强烈辐射和漫长的"核冬天"的顽强物种。在这种情况下,没有人能够"赢得"核战争。相反,这将是一个相互绝对毁灭的案例,或者MAD——这无疑是有史以来最恰当的首字母缩略词。因此,一些人认为,维持冷战"长期和平"的关键是,他们拥有的核武器有效地阻止了双方。然而,这个理论的批评者和支持者一样多(Kenny,1985)。

令人欣慰的是,冷战并没有随着爆炸而结束,而是随着苏联专政作为一种政治、社会和经济体系的内部崩溃而结束。其原因非常复杂。从经济上来说,冷战造成了巨大的损失。苏联竭尽全力要跟上美国军事发展的步伐,它参与非洲战争和阿富汗战争已经使其资源紧张到了极点。苏联的经济结构也非常低效。而米哈伊尔·戈尔巴乔夫则促成了该系统的终结,尽管这更多地是出于偶然,而非设计。戈尔巴乔夫提出了被认为是振兴共产主义制度必不可少的改革:开放和重组。第一项内容是放松了对言论自由的禁止,第二项内容包括经济改革、立法机构重组和引入行政院长制度,戈尔巴乔夫打算占据这一职位以保持总体指挥权。但是这些改革很快导致了苏联政治和国家经济整体动态的深远变化(Bowker,1997,p.12)。

戈尔巴乔夫很快就失去对事件的控制,因为改革主义获得了自己的势力。苏联宣布不干涉其东欧盟友的内政,波兰、匈牙利、捷克斯洛伐克和东德以及该地区其他国家的变革要求获得了更大的推动力。1989年11月,随着成千上万的普通公民突破柏林墙,这些事件达到了高潮,而安全部队则袖手旁观,这在过去几乎肯定会用机关枪将他们射倒。保加利亚和罗马尼亚的共产主义政府在年底前已经消失。尽管苏联自己又花了两年时间才解体，柏林墙的倒塌标志着冷战和两极世界秩序的结束，此后四十多年的国际关系基本上是围绕这一秩序构建的。

从历史的终结到新的世界秩序

随着旧世界秩序的瓦解，人们对即将到来的新秩序的形态不乏猜测。紧随其后的最突出的观点是那些庆祝资本主义和自由民主获得显著胜利的观点。持有这种观点的人中最著名的是弗朗西斯·福山，他甚至在苏联崩溃之前就提出了这一观点。福山的文章《历史的终结》（1989）描绘了一个世界，在这个世界中，历史推进到终点被理解为对人类自由的追求。共产主义是西方自由民主的最后一个巨大挑战者，它没能提供众所周知的成果。简而言之，从意识形态上讲，实际上没有什么可争论的，更不用说斗争了。

虽然现代民主并非没有实际缺陷，仍然在与犯罪和社会不公作斗争，但福山认为，持续存在的问题仅仅反映了现代民主自由和平等基本原则的不完全实现，而不是这些原则本身的任何真正缺陷。因此，虽然其他形式的政府存在严重缺陷，导致它们最终消亡，但自由民主显然没有致命的内部矛盾。这意味着资本主义，作为自由民主的逻辑经济伴奏，也取得了胜利。但是福山的愿景并不是对人类最终命运的纯粹乐观。毕竟，许多地方很明显仍然停留在历史进程中，似乎还会在那里停留一段时间。

另一个在冷战后早期得到推动的自由主义思想是第三章中提到的"民主和平"论题。现在看来，扩大民主国家的世界从而扩大"和平区"的真正前景是显而易见的。这再次反映了对世界和平未来的乐观主义情绪。但这并不仅仅是卡尔在两次世界大战期间指责早期自由主义者的那种痴心妄想。民主和平的支持者提出了经验证据来证明，事实上，而不是理论上，自由民主并不会相互开战。

苏联帝国崩溃后不久，民主和平理论的主要支持者写道：意识形态敌意的结束具有双重意义，因为它代表着向西方经济价值观，特别是政治自由的屈服。在一定程度上，曾经被专制制度统治的国家变得民主，对国际关系未来的讨论中最为引人关注的是：在现代国际体系中，民主几乎从未相互争斗过。这种说法代表了一种复杂的现象：(a)民主政体很少相互争斗（经验陈述），因为(b)它们有解决它们之间冲突的其他手段，因此不需要相互争斗（审慎陈述）；(c)它们认为民主政体不应相互争斗（关于正确行为原则的规范性陈述），这强化了经验陈述。根据这个推理，世界上民主国家越多，潜在的对手就越少……民主国家将拥有和平区，和平区将越来越广。(Russett, 1993, p. 4)然而，自由国家之间的和平只是民主和平理论的一个方面。研究这一现象的学生发现，在向非民主国家开战时，没有任何禁忌。换句话说，他们和非民主国家一样倾向于将战争作为外交政策战略。一份简短的冷战后自由民主国家间的战争清单似乎证明了这一点：1991年针对伊拉克的海湾战争；1999年北约在科索沃问题上对塞尔维亚发起的战争；作为"反恐战争"的第一阶段，美国及其盟国2001年入侵阿富汗（继"9·11"袭击之后），随后又在2003年入侵伊拉克；以及2011年对利比亚的干预主要由北约部队组成——所有这些都是由自由民主国家领导的联盟发起的，而美国是最大的反对"流氓国家"的势力。

冷战后早期的另一个重要进步，是1991年根据联合国安全理事会的授权，一个部队联盟将伊拉克驱逐出科威特。这重新唤起了柏林墙倒塌后的总体幸福感，至少在西方联盟中是这样。在世界政治没有旧的两极分化的情况下，联合国的集体安全职能似乎终于可以实现了。理想主义者的愿望明显复苏，这反映在基于有效国际法的"新世界秩序"愿景中，并得到了联合国新建立的团结的支持。1991年3月6日，海湾战争结束时，布什总统向美国国会传达了这一基本信息：在我宣布沙漠风暴行动的那天晚上，我表达了我的希望，希望战争的恐怖会给和平带来新的动力……本世纪从战争的恐怖中，两次出现了持久和平的希望。以前这些希望两次被证明是遥远的梦想……到目前为止，我们所知道的世界一直是一个分裂的世界——一个铁丝网和混凝土块、冲突和冷战的世界。现在，我们可以看到一个新世界正在出现。在这个世界上，新的世界秩序有着非常真实的前景……我们已经吸取了历史的惨痛教训。对伊拉克的胜利并不是"结束所有战争的战争"。甚至新的世界秩序也不能保证永久和平的时代。但是持久和平必须是我们的使命。(Bush, 1991)但是这一愿景很快就会受到另一种非常有力和有说服力的方式的挑战,这种方式针对冷战后秩序,提出了一种从所谓的原始冲突根源中产生的更加悲观而非理想化的无序愿景。

身份政治与"文明冲突"

"文明冲突"的想法是由著名的哈佛教授塞缪尔·亨廷顿在1993年提出的,他特别反对福山的想法。虽然他同意共产主义和自由民主之间的旧意识形态斗争确实已经结束,但他认为没有理由忽视其他潜在的冲突来源。世界也不会被统一在一个基于对西方价值观的广泛承诺的单一文明保护伞下。亨廷顿宣称:在新的冷战后的世界中,冲突的根源将来自人类之间巨大的文化分歧。虽然民族国家仍将是世界事务中的主要角色,但主要冲突将发生在不同文明的国家和群体之间:"不同文明之间的冲突将主导全球政治,不同文明之间的断层将成为未来的战场"(Huntington,1993,p.22)。此外,在文明政治中,"非西方文明的人民和政府不再是西方殖民主义的历史目标,而是作为历史的推动者和塑造者加入西方"(同上,第23页)。

亨廷顿确定了八大文明集团:西方、儒家、日本、伊斯兰、印度教、斯拉夫东正教、拉丁美洲以及"可能的"非洲。在解释文明可能发生冲突的原因时,提出了六个基本原因:

    1. 文明因历史、语言、文化、传统以及最重要的宗教而不同。它们是几个世纪的产物,因此不可能很快消失。它们远比政治意识形态之间的差异更为根本,更不容易改变。虽然差异不一定会导致冲突,但几个世纪以来的证据表明,文明差异实际上造成了最为持久和暴力的冲突。

    2. 由于世界变得越来越小,不同文明的人之间的互动越来越多,这就增强了文明意识。这往往会助长差异和历史敌意,无论这些是真实的还是想象的。

    3. 世界各地的经济现代化和社会变革正在削弱长期存在的地方身份以及民族国家作为身份来源的地位。在许多地方,宗教已经开始填补真空，通常采取原教旨主义运动的形式。这些可以在西方基督教、犹太教、佛教、印度教以及伊斯兰教中找到。宗教的复兴为超越国界、团结不同文明的认同和承诺提供了基础。

4. 西方在提高文明意识方面有双重作用。西方权力达到顶峰促使非西方文明的回归。这造成了一个方兴未艾的西方世界对抗各种非西方国家，这些国家越来越有意愿和资源以非西方方式塑造世界。

5. 文化差异不像政治和经济差异那样易变，因此也不容易妥协和解决。例如，在苏联，共产党员可以成为民主党人，但是俄罗斯人不能成为爱沙尼亚人。但是，宗教对人的歧视甚至超过了种族歧视。有人可以同时是半个法国人和半个阿拉伯人，但成为半个天主教徒却极为困难。

6. 日益增长的经济区域主义正在加强文明意识。此外，成功的区域化只有植根于一个共同的文明，才会成功。例如，欧洲共同体建立在共同的欧洲文化和西方基督教的基础上，北美自由贸易协定的成功取决于墨西哥、加拿大和美国文化的持续融合。日本提供了一个对比鲜明的案例。它想在东亚创建一个类似的经济实体，却遇到许多困难，因为它本身是一个独特的文明。然而，日本与东亚邻国之间的经济关系正在迅速发展，正是因为它们有着共同的文化。

亨廷顿的文章引起了无数的反响，一些人同意，但另一些人强烈批评这种用简单文化主义解决冲突的方法，特别是对伊斯兰教的明显妖魔化。当然，亨廷顿特别关注"西方对抗伊斯兰"的可能性，援引了伊斯兰"血腥边界"和1300年以来西方和伊斯兰文明之间"断层线"冲突的图像（1993，p.34）。在美国发生"9·11"袭击后，"伊斯兰对抗西方"的场景似乎变得栩栩如生，劫机者的身份很快被披露，因为伊斯兰极端原教旨主义者与本·拉登的基地组织恐怖网络有关联，该网络位于阿富汗，受塔利班政权的保护。

某些伊斯兰原教旨主义势力确实是反西方的，并主张以暴力作为实现其政治目标的手段，但这些不仅需要放在信奉伊斯兰教的其他方式的更广泛视角中，还需要放在与其他形式原教旨主义的比较框架中。后一种现象几乎不局限于穆斯林——基督教在西方也有原教旨主义教派。许多是在美国土地上培育出来的。一些人，如臭名昭著的"牧师"吉姆·琼斯领导的团体，他们在圭亚那琼斯镇建立了一个社区，以1978年11月900多名成员（主要是美国人）被谋杀或自杀而告终。他们显然与那些对"9·11"袭击负责的人一样，那些人乐于对无辜男女和儿童进行屠杀。正如大多数基督徒声称吉姆·琼斯不代表一种合法的基督教形式一样，大多数穆斯林也会对本·拉登和基地组织说同样的话。更普遍地说，文化陈规定型总是肤浅的，认真学习国际关系的学生应该非常谨慎地对待它们。

当时，亨廷顿的文章引起了共鸣，不是因为有任何真正的证据表明大规模的文明冲突迫在眉睫，而是因为世界上有那么多小规模的冲突在"种族"的旗帜下被指责。后者最常见的定义是表示某种共同遗产的文化元素——语言、宗教、历史或这些元素的组合。北爱尔兰的新教徒、南非的祖鲁人、斯里兰卡的泰米尔人、加拿大的原住民、津巴布韦的恩德贝勒人、北欧的萨米人、西班牙裔犹太人、俄罗斯联邦的车臣人、卢旺达的胡图人、基督教苏丹人、伊拉克库尔德人、波斯尼亚穆斯林、印度裔斐济人——所有这些描述都表明了一种基于一种或多种文化因素并位于更广泛的民族国家实体中的"种族"身份。一些族裔群体——或者至少他们的一些成员——卷入了持续不断的暴力关系，被描述为"族裔"之间的冲突在冷战后已经夺去了数千人的生命。

随着柏林墙的倒塌，东欧和苏联的前共产主义国家开始彻底的政治重组，种族冲突的"幽灵"成为国际政治舞台上的一个显著特征。许多评论员认为身份政治的兴起反映了专制政权压制了几十年的"原始"民族情绪的释放。然而，基于种族差异的"政治离婚"并不总是一件暴力事件。捷克斯洛伐克的捷克和斯洛伐克经历了和平的分道扬镳，苏联的大部分地区也是如此。但是南斯拉夫是一个截然不同的故事。它的分裂可以用"种族清洗"来描述。卷入冲突的一些势力试图将特定种族群体从某些地区赶走。在这一事件中出现了酷刑、强奸、绑架和大规模谋杀。成立于1993年的南斯拉夫问题国际刑事法庭（南问题国际法庭，ICTY）一直运作至今。最突出的案例之一是斯雷布雷尼察臭名昭著的种族灭绝。当时大约 8000 名波斯尼亚穆斯林被屠杀——这是自第二次世界大战以来欧洲最大的一次种族灭绝行为，波斯尼亚塞族军事领导人拉特科·姆拉迪目前正在为此受审（United Nations International Criminal Tribunal for the former Yugoslavia, 2016）。

于是，许多人认为，没有什么比残酷的"新世界混乱"更现实的了。他们并没有看到一个新的世界秩序按照自由理想主义原则出现。历史远未结束，历史正在重演。塞族主要民族主义者斯洛博丹·米洛舍维奇等政治领导人操纵了科索沃战役等历史事件——这曾发生在 600 多年前——一方面激发塞族人强烈的民族团结感，另一方面也激发了对非塞族人同样强烈的恐惧和厌恶感。对于那些认同原始种族认同理论的人来说——他们认为亲属关系、宗教、语言等对一个群体的成员有着几乎牢不可破的情感力量——冲突不仅发生在巴尔干地区，在从非洲到太平洋地区的其他地方也到处可见。这似乎都证实了种族认同在社会和政治不确定局势中的首要地位。

我们将在第六章中分析种族冲突的其他方面。最后，我们应该注意到，种族冲突的死灰复燃也集中出现在某些现代化和发展理论上。冷战、后殖民时期的自由派和马克思主义学者普遍认为，种族政治是一种非理性的诅咒，随着现代政治组织的理性模式的发展，这种诅咒会消失。这两种学派的假设都隐含着这样一个概念，即族裔身份由于其社会或文化建构的性质，很容易转变。这将我们带到另一个最人性化的范畴——文化——及其对民主和人权问题的影响。

冷战后世界的文化、民主和人权

亨廷顿的论文只是对文化概念的众多解释之一。这种概念出现在因世界政治意识形态明显偏离所造成的概念真空中。虽然亨廷顿的理论立场基本上是保守的，但其他文化主义思想也是从更为关键的方面出现的。这主要是与自由主义关于新世界秩序的思想的普世主旨相一致的。源于启蒙运动的普世主义思想本身被认为不是反映了全世界人民的愿望，而是反映了西方自身的特殊价值和利益，正如亨廷顿所建议的那样。此外，不管世界其他地方的文化和历史经历如何，它代表了这些价值观在这些地方的种族中心投影。世界政治中的文化研究有望得到纠正。这种偏见揭示了看待世界的多种不同方式。

在国际商业和金融领域，文化概念也被广泛接受，认为它是"亚洲奇迹"等现象的最终解释。这个术语被用来描述整个 20 世纪 80 年代和 90 年代大部分时间里东亚和东南亚部分地区经济增长的惊人速度。而 1997 年年中的金融危机平息了这一炒作。在此之前，许多人宣扬的观点是，不仅是资本主义本身的成功让该地区经济腾飞，还有带有浓厚儒家思想的资本主义，或者更普遍的"亚洲价值观"。人们相信，这给亚洲的"老虎经济"带来了独特的活力，反过来又鼓励人们谈论即将到来的"太平洋世纪"。这种新发现的自信尤其有趣，因为它宣称特殊的儒家价值观是令人如此印象深刻的经济增长的主要原因。仅仅在大约十年前，当整个地区经济增长缓慢，生活水平相对较低时（日本除外），正是"儒家"价值观被指责为落后和表现不佳的原因！

然而，20 世纪 80 年代和 90 年代出现的关于亚洲文化和价值观的更积极的观点并不局限于经济领域。它们对该地区的政治权力和合法性具有更广泛的影响。对于更专制的领导人，认为特定的"亚洲"文化产生了一套与西方不同的政治价值观的观点具有重大吸引力。在新加坡，总理李光耀投入了大量精力来对抗他认为的"西方价值观"的潜在影响，尤其是那些与政治自由主义相关的价值观。相反，李明博和他的继任者吴作栋寻求促进共识政治、尊重政治权威和自我意识，这被认为是维持和谐与秩序的关键。最初作为儒家价值观提出的，后来被转化为一套"一刀切"的亚洲价值观同样可以被该地区的主要宗教所接受，尤其是佛教、印度教和伊斯兰教。在这种更灵活的形式下，这一价值观也可以被其他领导人接受，虽然当地的主要人口不是中国人，但他们仍然在寻求一种反对"西方价值观"的合适武器（Lawson，1998，esp. p.245）。马哈蒂尔·穆罕默德博士就是个很好的例子。他在 1981 年至 2003 年担任马来西亚总理，是整个 20 世

90年代东南亚倡导"亚洲价值观"的最重要声音之一。

在反对与政治竞争力相关的价值观,以及将这些价值观贴上"西方"标签的过程中,马哈蒂尔、李政和吴作栋等领导人实际上在亚洲取消了前者的合法性。但是这在具体的政治术语中意味着什么呢?一方面,它表明对政府的政治反对将被视为对共识价值的威胁,也是政治中潜在的危险力量。因此,政治反对派必须受到限制。在新加坡,执政党将这一点提升为艺术形式,迄今为止对反对派实施了最有效的限制,不是通过《国内安全法》下的任意逮捕和拘留等公然措施,而是通过无情的监视和更微妙的迫害参与反对派团体的人员。亚洲价值观的言论可能已经被淡化,但是通过这种做法表达出来的这些言论仍然很明显。

许多国家在公民权利和政治权利方面的表现比新加坡和马来西亚差得多。例如,关于缅甸暴行的报道多年来屡见不鲜,而老挝、柬埔寨、越南都有严重问题。总而言之,所有这些国家的人权问题经常使新加坡和马来西亚看起来像是良好人权做法的典范。尽管如此,至少在过去,正是这两个国家的政治领导人在反对"西方"的个人权利、捍卫地方文化价值观方面最为高调。

一位作家认为,在中国呼吁"亚洲人民管理亚洲事务,解决亚洲问题,维护亚洲安全"中,我们可以看到,亚洲价值观即将再次复兴(Tan,2016)。随着中国在全球领域的实力不断增强,我们很可能会看到亚洲价值观的独特中国版本得到推广,而中国通过其在世界各地的大学中建立孔子学院的"软实力"项目,使之处于有利地位。

正是为了回应亚洲价值观的论述以及实际的人权问题,来自亚洲地区以及其他地方的重要人士——包括学者、记者、政策制定者和人权运动家——对文化与权威、合法性和主权等政治问题之间关系的一些基本观点提出了异议。这些一直是冷战后出现的许多规范性辩论的核心,不仅与亚洲有关,而且在前殖民世界的许多其他地方也是如此,并对国际上关于民主和人权的讨论产生了重大影响。

结论

20世纪的战争为国际关系作为一门独特的学科的建立提供了动力，也是相关理论产生的基础。尽管包括自由主义和现实主义在内的传统理论方法开始受到挑战，但这种情况在整个冷战时期继续存在。冷战后的世界特别有利于思维的新发展。正如本章所展示的，对于未来事物的形态，不乏宏大的想法。从"历史的终结"、"文明的冲突"和文化在世界政治中更普遍的作用，到女权主义和性别观点、绿色政治和"人类世"的兴起，在过去二十年左右的时间里，知识思想出现了显著的繁荣。当然，仍然存在一些令人不安的趋势，尤其是围绕着致命的身份政治的趋势。从广泛的批评角度来看，人们很可能会问，如果20世纪真的是有记录以来最血腥的一个世纪，并且鉴于21世纪也没有一个非常有希望的开端，这对于人类物种的历史"进步"以及它在国内和国际两级建立有效关系的能力来说意味着什么？尽管人类取得了所有科学、技术和其他进步，我们似乎仍然无法建立能够在全球范围内实现和平与繁荣的社会关系和政治结构。在下面的章节中，我们将从当代世界安全和不安全的核心问题开始，进一步探讨这些问题的各个方面。

扩展阅读

Best, Anthony, Jussi Hanhimaki, Joseph A. Maiolo and Kirsten E. Schulze (2014) *International History of the Twentieth Century and Beyond* (3rd edn, Abingdon: Routledge).

Coggins, Bridget (2014) *Power Politics and State Formation in the Twentieth Century* (Cambridge: Cambridge University Press).

Cox, Michael (ed.) (2006) *Twentieth Century International Relations*, vols 1–8 (London: Sage).

Hall, Ian (ed.) (2015) *Radicals and Reactionaries in Twentieth Century*

International Thought (New York: Palgrave).

Rhodes, Carolyn (2000) *Pivotal Decisions: Selected Cases in Twentieth Century International Politics* (Fort Worth: Harcourt College Publishers).

讨论问题

- 19 世纪对 20 世纪世界政治发展的一些重要遗产是什么？
- 20 世纪的世界大战如何影响思想、体制和实践的产生？
- 冷战是如何塑造包括前殖民世界在内的全球地缘政治分歧的？
- "历史终结"与"文明冲突"，两种观点在哪些方面与未来世界政治观点相对立？
- 20 世纪的哪些发展对 21 世纪的发展最具决定性？现在做出结论是否为时过早？

第五章　当今世界的安全与不安全

在国际关系中，"安全"的传统概念一直围绕着国家及政体的存亡。事实上，国家行为的最终目标及其核心价值应服务于国家安全，即使国家免受任何分裂因素的威胁。这些术语中的"安全"通常与国家抵御外部威胁的军事防御有关，因此安全研究的大部分内容涉及战略和战争。在20世纪后半叶，在安全方面首要的关注点集中于超级大国及其盟友间发生核对抗的可能性方面，这种对抗不仅有可能在短时期内杀死数百万人，而且从长远来看，也可能使地球几乎无法适合人类居住，这使得安全研究的战略方针在这一时期显得尤为重要，它也提醒人们关注在核战争情况下可能发生的自然环境的灾难性变化。现在，由"人类世"观念和未来可能发生的核战争所导致的深远的环境变化问题已成为21世纪的重大问题，这需要一种截然不同的安全方法而非传统的"武力"方法来解决。

虽然自由主义长期以来一直对现实主义的安全方法提出批评——现实主义对自由主义也有着同样抱有批评——但是后冷战时期安全研究的新方法已经变得更有效。虽然建构主义思想现在占据主流位置，但批判理论、女权主义、后现代主义、后殖民主义和绿色政治思想都提供了不同观点。总而言之，这些更为关键的安全方法凸显了传统思维的局限性，同时也表明现代国家本身就是使一些人口不安全的主要根源，现在的叙利亚就是最好的例子。这些发展的焦点已经从国家转移到人民身上，成为安全的主要参照对象。这是在"人类安全"的议题下发生的，由此也提出了人道主义干预和由谁承担保护责任的问题。这里还要强调在21世纪初出现的两个特别的安全问题：第一，恐怖主义战争，后殖民批评与其特别相关；第二，环境安全问题，这似乎需要对"安全"和"不安全"进行彻底的重新定义。

传统的安全方法

我们已经看到，古典现实主义是建立在对人类状况的某些假设上的。这些假设包括对人性相当悲观的看法：人在社会关系中感到既害怕又自负。这些假设为权力政治理论和在一个危险和不可救药的无政府世界中生存的斗争提供了素材。埃文斯和纽纳姆（1998，p. 565）写到，战争被认为是"国家行为者之间直接的身体暴力"，它被现实主义者视为国际体系中固有的组成部分，这一理念是"现实主义的独特标志"。著名的普鲁士战争理论家卡尔·冯·克劳塞维茨（1780—1831）总结了战争作为国家政策工具的政治因素，他说，"战争不仅仅是一种政治行为，也是政治工具，是通过其他方式实现的政治商业的延续"，但是克劳塞维茨也提出要注意战争的"原始性"，他认为"原始的暴力包括仇恨和敌意，它可能被视为盲目的本能"（Clausewitz，[1832] 1968，pp. 119–120）。

除了第三章讨论的均势思想之外，冷战时期出现的一个关键的现实主义概念是"安全困境"，这是约翰·赫茨创造的一个术语。如同许多现实主义者一样，他首先评论了人类存在的悲剧性：

> 今天，一个两极分化、充斥着原子弹爆炸危险的世界处在令人心碎的困境，但这只是两难处境的极端表现……起源于一个基本的社会版图……在那里，群体彼此毗邻而居，没有被组织成一个更高级的统一体。（Herz，1950，p. 157）

安全困境产生于这样一个事实，即担心受到他人攻击和威胁的团体或个人通过获取更多的权力来获得安全，但是这使得别人获得的安全变少，由此迫使这些人获得更多的权力。随之而来的是，"因为在这样一个竞争法则的世界里，没有人会感到绝对安全，权力竞争随之而来，由此引发的安全和权力竞赛的恶性循环持续上演"（同上）。

安全困境还必须从各国意图和军事实力方面来理解。当一个国家为了加强其军事能力从而加强其总体安全的行动导致其他国家感到威胁或不安全时,就会出现这种安全困境。这个国家可能只打算增强其防御能力而非进攻能力,但其他国家不一定会有同样的想法,它们可能会进一步加强自己的军事能力,以应对所察觉的威胁。这个国家可能反过来进一步增强其实力,这再次促使其他国家采取进一步行动,从而形成一种螺旋式上升的军事扩张模式。

然而,有一些方法和途径可以遏制这种困境。例如,一种可能的解决方法是通过建立合作安全机制。但是从主流新现实主义者的角度来看,虽然改进是可能的,但不可能有永久的解决方案。这又一次被无政府国际体系的结构性要求所左右,这是合作型社会关系结构无法消除的。此外,在现实主义者的世界中,和平关系为主流的地方往往只从消极的而不是积极的角度被简单地视为没有暴力冲突。一个和平的世界将会是一个达到某种平衡或力量平衡的世界。但是,对于一个现实主义者来说,这只能是一种出于偶然的暂时现象。

随着苏联在 20 世纪后期的崩溃,维持大国平衡的两极格局也随之消失。世界现在没有形成多极体系,而是处于霸权状态,在这种状态下,美国在其强大盟友的支持下,占据着霸主地位。可以说,这在某些方面滋生了对"整个西方",特别是对美国的怨恨和敌意。值得注意的是,反西方主义在过去殖民世界的部分地区已经存在了一段时间,但在冷战时期却显得有些沉默。在所谓的伊斯兰原教旨主义运动和组织中,更具侵略性和暴力性的表现是显而易见的(我称之为"所谓的",因为伊斯兰教经常被这些运动当作政治工具使用,而非宗教)。

普遍来说,重要的是要强调并非所有认为自己是现实主义者的人对安全和不安全的前景或者对伊斯兰革命的其他方面都有相同的看法。一些人对国家间安全合作的可能性持更加乐观的态度,认为当前时期可能出现"成熟的无政府状态"(Buzan, 1991, p. 176)。在这方面,各国认识到放弃狭隘的自身利益并考虑到其他国家的安全利益是实现本国安全目标的最佳途径。可能会出现一些国家组成"安全集团"的合作现象,欧盟就是一个典型的例子。然而,超越狭隘的自我利益并参与合作安全项目的想法,通常与自由主义方法所设想的社会关系的形成联系在一起。

从自由主义的角度来看，冷战的结束为国际合作提供了大量新的机会，只需要主要参与者行使"政治意愿"，就能建立一个新的世界秩序，在这个秩序中能够实现广泛的和平与安全。由国际机构负责，主要通过集体安全的做法构建新秩序的框架，旨在改善无政府状态。正如我们所看到的，自由制度主义接受现实主义的各个方面，包括作为国际体系其中一个特征的无政府状态，但认为，这种状况最终可以通过建立一个由强有力支持的规范和规则支撑的持久的国际机构网络来控制。就像成熟的无政府主义的观点一样，这种观点也支持有管理的无政府状态的可能性。

国际联盟代表了在国际层面将集体安全原则制度化的早期尝试，尽管实际术语直到20世纪30年代才被普遍使用（Yearwood，2009，pp. 2–3, n.3）。在和平解决争端的同时，该联盟还致力于促进贸易和支持国际安全的其他目标。国际联盟最终失败当然是历史的必然，然而它的失败并不意味着其基本目标无法实现。当时的情况以及主要参与者无法放弃治国的旧理念，也无法参与社会关系的新形式，这些都不利于这个特定政权的成功。

联合国取得了更大的成功。它的中央机构"安全理事会"使它能够比其前身采取更果断的行动。这是因为，尽管安理会的五个常任理事国（英国、法国、俄罗斯、中国和美国）对任何特定决定都有否决权，但他们也可以弃权。因此，决策机制中没有形成"全体一致"的僵硬原则。尽管如此，有人认为，冷战的局势严重限制了联合国追求集体安全的努力。相比之下，在后冷战时期的早期阶段，人们对其能力的信心显著增强，尤其是在海湾战争之后，当时的美国总统乔治·布什发表了在上一章引用的著名的《新世界秩序宣言》。

然而，随后由联合国赞助的活动取得了不同程度的成功（或失败）。除了第一次海湾战争之外，其大部分与安全有关的活动都在"国内"冲突局势中的和平领域，也就是说，冲突发生在国家边界内，而不是国家之间。有时这被认为超出了联合国的权限，因为联合国的主要作用是处理国家间冲突，而不是国家内部冲突。换句话说，联合国的任务通常涉及国际安全问题，而不是国家安全问题。然而，有人批评这一观点在理解什么是构成对国际和平与安全的威胁方面过于狭隘,在划定国家和国际领域的界限方面过于僵硬。毕竟,包括全面内战在内的大多数内部冲突都有重大的"溢出效应",尤其是它们有可能产生大规模的难民流动,然后成为整个国际社会的责任。这些国家都倾向于拉拢其他国家,尤其是叙利亚的冲突。在撰写本报告时,后者以这样或那样的方式涉及俄罗斯、土耳其、美国和一些北约盟国,澳大利亚、沙特阿拉伯、阿拉伯联合酋长国和卡塔尔,更不用说库尔德人、努斯拉阵线和伊斯兰国本身等非国家团体(Stein,2016),而在土耳其、黎巴嫩、约旦、北非、欧洲寻求庇护的人数超过470万(UNHCR,2016)。对于环境问题(包括天灾和人祸)以及属于生物安全范畴的病毒和其他形式的流行病,也有类似"溢出效应"的观点。环境和生物安全问题对人类安全构成威胁。许多问题可能源自某些国家,但显然经常会产生重大的区域或全球性后果,除了地方或国家行动外,还需要通过联合国协调全球应对措施。

我们将在下一章讨论联合国在促进世界秩序方面,特别是在全球治理方面所做出的其他努力。在这里必须指出,联合国是负责全球安全的杰出国际组织。另一个直接参与国际安全的机构是北约,该组织成立于1949年柏林危机之后,它显然是一个冷战机构。但是北约在冷战后的安全秩序中找到了新的存在理由,尤其是在东欧。它在1999年为保卫科索沃阿族而对塞尔维亚采取的军事行动进行了如下分析:人道主义干预是另一个在当代日益突出的概念,它代表着与传统行为准则的重大背离。我们接下来会更详细地讨论这个问题。

限于篇幅,在此不能讨论更多其他类似有明确或隐含国际安全职能的组织。像北约一样,其中许多是区域性的,而不是全球性的。其中包括非洲联盟(AU)和东南亚国家联盟(ASEAN)。东盟的副产品是东盟区域论坛(ARF),该论坛具有特定的安全功能。此外,世界大部分地区正在进行许多区域一体化试验。最先进的是欧盟,它仍在扩大和深化(尽管英国退出欧盟显然是一个重要的倒退)。与此密切相关的是欧洲安全与合作组织(OSCE)。

无论是考虑到经济一体化还是安全问题,这些组织和其他此类组织的发展都被视为构成了一个国际体制网络，加强了在21世纪建立持久国际和平与安全制度的前景。自由制度主义者认为这不是乌托邦式的梦想，而是一个显而易见的可实现的目标。然而，实现这一目标的环境取决于关键行为者的政治意愿，不仅是在建立和维持这种机构方面，也是在继续致力于支持这些机构的理想方面。一些自由主义者认为，这也可能取决于世界各地另一种自由主义政治理想的制度化——民主。

正如我们所看到的，民主和平理论认为，民主国家不会相互开战，尽管它们会对非民主国家开战。在国内，民主政治机构也反映出对和平解决冲突的承诺。民主国家的人民不会为了支持或改变政府而卷入暴力冲突——他们会投票。民主政府一般不会监禁、虐待或谋杀他们的政治对手。他们不仅要容忍对手，而且要允许他们成为政府——如果这是民意测验结果的话。所有各方都必须同意遵守宪法规定。民主实际上是和平冲突的制度化。

从安全角度来看，另一个突出的问题是民主政府不会大量杀害本国公民（Rummel，1997）。一些人可能会争辩说，如果把"国际关系"视为只与国家间事务有关，而不涉及国家内部事务，那么所有这些都与"国际关系"无关。但是，近年来因为一些血腥政权而引发的人道主义问题在全球安全会议上变得很突出，鉴于此，这一立场越来越难以维持。20世纪90年代在卢旺达和南斯拉夫等地发生的种族灭绝和种族清洗事件，以及利比亚、伊拉克和叙利亚危机期间对平民的袭击，都是国际社会难以粉饰的问题，需要这些国家用"主权面纱"的掩盖来解决。

总而言之，现实主义者声称，他们认识到国际政治世界的残酷现实，对无法实现的目标并未抱有一厢情愿的想法。因此，现实主义者提出了一个与自由主义者主观的、受个人价值影响的方法相悖的"客观现实"。但是，现实主义者和自由主义者也有一些共同的观点。虽然自由主义者并不否认国际领域的无政府性质，但大多数现实主义者承认制度有一定的价值。双方都认识到安全困境，尽管他们提出了不同的解决办法，一种是通过国际合作机构，另一种是通过权力平衡机制。更普遍地说，现实主义者和自由主义者传统上都立场坚定地站在一个重要的共同点上，这是国家在国际体系中的中心地位，也是安全的首要目标。尽管如此，正如第七章中将要介绍的那样，自由经济理论（至少在其当代的新自由主义表述中）也有一定的反对国家干预的成分。但是，除了自由主义和现实主义之外，在最近蓬勃发展的关于"关键的安全研究"文献中，也包含了建构主义、女权主义、批判理论和后现代主义，其中大部分都试图将国家作为主要的安全参考，并引入"解放"这一概念作为 21 世纪新安全议程的关键要素。

关键安全方法和安全化理论

正如我们所见，建构主义将世界的"现实"视为通过从社会关系中产生的主体间相互理解的复杂体而构成的。这意味着无政府状态仅仅是"国家自身的产物"（Wendt，1992，p. 395）。因此，无政府状态并不是一种自发的现象，它产生了自己不可避免的逻辑。这也意味着安全困境不存在于国家之间的任何互动之前，而实际上是国家间社会互动的产物。这个观点支持了自由派的主张，认为的确可以通过设计体制来改变国家的利益和身份，从而创造更有利于国际和平与安全的条件（同上，p. 394；另见 Wendt，1999）。

建构主义安全理论也较为详细地论述了"安全社区"的概念，这是 40 多年前在北大西洋地区发展起来的一个概念，这个概念强调了国家间的共同理解、规范及价值观的有效性（Deutsch，1957）。这与民主和平理论有一些相似之处，但是建构主义的方法并没有将"共同体"的概念局限于民主国家。当代建构主义理论的一个基本前提是，与新现实主义学者描绘的强烈的反社会世界相比，全球政治具有本质上的社会特征。这突出了"国家身份的重要性和国家利益的来源，这表明权力被配置和被视为社会合法化的目的可能正在改变"（Adler and Barnett，1998，p. 12）。

女权主义理论对传统的安全思想提出了更激进的挑战，它将焦点从国家转移到了现实的社会建构上。安全，就像几乎所有形式的"高级政治"一样，传统上被视为高度男性化的军事术语。安·蒂克纳在冷战后早期写到，由于外交和军事政策主要是由男性制定的，"分析这些活动的学科必然主要是与男性和男子气概有关的"。她还指出，女性和男性已经受到社会化影响，并愿意相信"战争和权力政治是属于男人特有的领域，男性在这个世界发出的声音、做出的决策可能更真实"。此外，被视为"正常"的行为通常是基于男性对"正常"的评判标准（Tickner，1992，p. 4）。然而，传统安全观点中，男子汉的形象是基于一个具有坚忍、勇气、力量并有点争强好胜特点的男性战士的理想模式，这种刻板印象实际上与许多"真正"的男人并不吻合（同上，第6页）。

女权主义安全议程会是什么样子？对性别问题敏感的观点会对当代问题产生什么样的影响？首先，女权主义的分析关注到性别等级的普遍性以及这些等级对妇女生活的影响程度，包括她们在安全问题上的重要利益，这些安全形式通常不被（男性）视为"真正"的安全问题。最近才被公认为是真正安全问题的一个例子是战争中普遍存在的强奸行为。一项关于波斯尼亚战争的研究对长期以来现实主义所持的态度提出了质疑，现实主义者认为强奸是战争中"正常"的一部分（Hansen，2001，p. 67），这等于说强奸是"自然而然"发生的行为。而且，如前所述，将某样东西粉饰成"自然的"就是给这种东西寻找合法性的掩护。

然而，如果女权主义没有打破存在于"家庭"或"私人"问题与"公共"问题之间严格区分的一些壁垒，那么对"战争中的强奸是一个安全问题"的认定会变得困难得多。像乱伦一样，强奸在很长一段时间里是许多人不愿谈论的事情之一，将它放在非公共领域是一种有效的回避。今天，尽管这种行为已被认定为战争罪并被明确列入联合国安理会的议程，但战争中的强奸行为仍有增无减，针对非洲和中东地区冲突的报告表明，强奸不仅仅是极端主义团体使用的一种策略，实际上也是冲突各方使用的一种策略。

对妇女安全有影响的性别等级制度的另一个表现是全球经济地位和权力的严重不平等。联合国和其他机构收集的统计数据反映了贫穷、暴力、不良的健康状况、恶劣的工作条件、缺乏法律保护和普遍的文化知识对全球妇女的生活造成影响的程度，尽管大多数地区表现出了缓慢的改善（UN Statistics Division，2015）。在所有部门包括经济、军事、政治和社会部门在内，解决办法不仅需要让更多的妇女参与各类工作，这种做法相对简单，更需要彻底改变体制文化本身（Hendricks，2011，p. 22）。

虽然针对第三世界国家女性的统计数据在许多方面都很缺乏，但发达的工业化国家的女性仍然远远落后于男性。这表明了一个持续存在的从属问题，这个问题植根于一个特定的、男性化的、并具有多重社会和经济结果的"现实构建"之中。资源分配不均是一个严重的安全问题，这不仅源于性别而是源于阶级、宗教、语言和种族，一些关注发展的国际机构对这个问题尤其关注。当然，女权主义者并不是唯一关注这些问题的人，但它代表了当代女权主义者所广泛关注的安全问题。

像女权主义者一样，批评理论者拒绝强调国家的重要性，同时包含了更广泛的因素。许多后马克思主义批判理论者保留了民主社会主义的观点，其中批判的重点是全球资本主义。因为它产生了对物质和资源的残酷竞争，所以必须追究全球资本主义而不是无政府主义对许多冲突和暴力的主要责任，无论这些冲突和暴力发生在国家内部还是国家之间。某些批判理论也非常关注国家如何对待本国人民。因为人们更有可能受到本国政府的控制，而并非来自外部的任何威胁，批判理论者认为，注意力需要从国家安全本身转移到国家内部的团体和个人的安全上。与传统的马克思主义者不同，当代批判理论者认识到，人们不只是构成社会经济的"各个阶级"。因此，社会关系以及政治和经济关系也受到性别、宗教、语言、种族和年龄的影响，这与女权主义者们关注的一系列因素相似。

对于批评理论家来说，任何有价值的安全议程都必须重点关注人类寻求从不公平的社会阶层中解放出来（Peoples and Vaughan-Williams，2015）。这就需要采取一种方法，不仅要在现有社会、经济和政治秩序的范围内解决问题，而且要更彻底地改变这种秩序，通过人的平等实现最大程度的安全。因此，批评理论，像女权主义一样，具有很强的规范性，并不是仅仅满足于了解世界的现状，而是非常关心改变世界。此外，对解放的关注使批判理论成为一个进步的、现代的、源于启蒙主义哲学的政治理论。

尽管针对国际关系和安全研究的后现代方法有很多不同之处，但可以看出一个共同的主题。另外,批判的主要目标是现实主义(尤其是新现实主义),尽管大多数其他方法也因其现代主义的基础而被拒绝。后现代安全理论的首要任务是"解构"现实主义元叙事,从而揭示其主观基础。正如我们前面看到的,元叙事是指代表一个普遍的真理,至少提出这一概念的学者们是这样认为的。后现代主义者并非这样认为。世界的"现实"可以有各种各样的解释。除了这些解释行为之外,没有任何"真理",没有任何科学或其他方面的知识具有一丝客观性,也没有可能为人类解放问题设计普遍的解决方案。在某些"知识"盛行的地方,这是现有社会结构中权力的功能。例如,美国在国际体系中的力量已经对恐怖主义强加了某种"元叙事",以及对恐怖主义的适当回应(Garner, Ferdinand and Lawson, 2016, p. 373)。对恐怖主义构成的其他解释可能认为,犯下恐怖主义罪行的是美国,而不是其他组织。但美国的力量确保了它的解释在世界上影响重大的地区往往优于其他可能的解释,从而表明了权力与知识之间的关系。这也在安全问题的框架中提出了种族中心主义的问题,正如我们在第三章中看到的,后殖民理论特别关注这种主观性。我们将在下面关于恐怖主义的章节中进一步讨论这个问题。

总之,后现代主义方法的主要任务是分散国家权力,分解与国家范式及其产生的特定社会关系密切相关的公民身份等概念,并考虑可能需要"安全"的其他社区和身份形式。此外,人类安全理论提出,因为争取安全的斗争往往是以国家为目标的,所以必须始终将国家本身作为不安全的潜在来源,我们将很快研究这一点。在此之前,我们考虑"安全化"概念,将注意力集中在社会过程中,通过这些社会过程,某些问题首先作为安全问题出现。

这部分始于对现实主义者的观察,他们声称描述了世界的真实情况,并客观地认识到残酷的事实。然而,安全化理论的出发点是假设没有"客观"威胁等着被揭露。相反,威胁是通过"言语行为"出现的,即权威者在显著语境中的话语。这些言语行为以某种方式将某些有价值的目标解读为濒危,因此需要安全,如"国家"。因此,国家成为了"安全化言论"的参照对象,这反过来要求采取某些措施来确保国家安全免受一些现实威胁，如敌对势力的军事入侵。最近，大量避难者或移民的进入可能被视为一种威胁。在2016年的美国总统竞选中，唐纳德·特朗普（Donald Trump）将越境进入美国的墨西哥人称为毒贩和强奸犯，同时在欧洲，有一种倾向是将来自中东和北非的避难者视为恐怖分子。这将国家的安全化通过话语与一系列实际的安全实践联系起来，军事集结是一个显而易见的事实（Buzan，Waever and de Wilde，1998）。"敌人"也可以通过言语操控来构建，这些言语行为以特定的方式将他们"塑造"成敌对的、危险的、颠覆性的等。国家的敌人可能是外部的，也可能是内部的，后者成为内部安全制度的目标，而国内安全制度往往利用某种国内安全行为。

现在对国家或其他国家/国际行为者的安全威胁也来自网络空间。因此，在20世纪末或21世纪初，面对信息技术基础设施领域存在的风险和威胁，网络安全主要体现在互联网上（Stevens，2016，p.2）。维基解密是近期最有代表性的例子之一，其创始人朱利安·阿桑奇被认为是美国的头号敌人，莎拉·佩林等保守人士将他与奥萨马·本·拉登归为同类人。具有讽刺意味的是，在"9·11"事件后，美国中情局和联邦调查局等机构为解决在此之前缺乏信息共享的问题建立了沟通新准则，而这增加了大量秘密外交报告被泄露的可能性。尽管采取了额外的安全措施，泄密仍在继续。2014年12月，维基解密上传了美国中情局文件，文件内容是指导其外勤人员如何避免在机场和移民安全检查站被发现，包括在整个欧盟地区（RT News，2014）。

随着冷战后安全议程的扩大，对国家的威胁以不同形式出现。此外，国家现在只是众多需要安全保障的对象之一，"环境"是一个新的安全引用的主要例子。其他问题涉及网络安全、粮食安全、能源安全、少数民族身份安全、性别安全等。安全化理论的一个问题是如何确定判别真正"安全"问题的标准。一篇文章指出，虽然安全化理论与拓宽安全议程的关键方法一样令人担忧，但它们也希望限制属于安全范畴的问题，以防止它变成"研究一切，从而对一切毫无研究"（Peoples and Vaughan-Williams，2015，p.104）。

人类安全与国家安全

人类安全将安全概念纳入人类生活的几乎每一个领域,因此"安全化"问题通常不包括在传统方法中。联合国的《1994年人类发展报告》中对此进行了广泛的传播,该报告认为,传统的安全定义过于狭窄,因为这一概念主要局限于"领土免受外来侵略的安全,或外交政策中保护国家利益或全球安全免受核浩劫的威胁",但被遗忘的是"在日常生活中希望获得安全的普通人"的基本诉求(UNDP,1994,p.22)。该报告接着从免受饥饿、疾病和压迫等长期威胁以及"保护人们免受日常生活模式突变的损害——无论是在家庭、工作还是社区"(同上,p.23)的角度来定义人类安全。还有一份更具体的人类安全问题清单:

1. 经济安全——例如包括脱离贫困;
2. 粮食安全——获得基本食物;
3. 健康安全——获得医疗保健和疾病预防;
4. 环境安全——防止污染和损耗;
5. 个人安全——包括免受战争、酷刑、性侵和其他形式的侵害,如家庭暴力;
6. 社区安全——指传统文化的完整性和少数民族的生存;
7. 政治安全——公民权利和政治权利的保护。

如此广泛的内容显然涉及大规模的安全化活动。

近年来,一些更显著的人类安全威胁事件占据了国际头条,例如由于干旱导致的连续大规模饥荒,特别是在非洲地区和世界其他地方出现的各种流行病、海啸、地震、森林火灾、飓风和龙卷风、洪水等。缺乏资源和国力的穷国总是受到最严重的打击,并依靠国际救援努力来支持本国政府能够应对一切灾害。但是一些富裕国家,如2011年海啸后的日本,也需要国际援助。于2005年8月摧毁了新奥尔良的卡特里娜飓风揭示了这个世界上最富有和最强大国家的"第三世界"人民的生存状况，尤其是那里贫穷的非裔美国人社区。解决这些情况下的安全问题可能涉及使用军队进行救援工作，但这显然不是传统的军事问题。因此，可能有人认为长期解决办法需要注重安全与发展和社会经济条件改善之间的联系（Lawson，2005，p. 108）。这些安全威胁中的大部分显然也与我们接下来要谈到的"人类世"有关。

人类安全方法也与人权密切相关。因此，从"国家安全"向"人的安全"的转变鼓励人们更加持续地关注这样一个事实，即侵犯人权行为——从酷刑、任意逮捕和拘留到完全忽视基本生存需求——不仅构成严重的安全问题，而且往往是有国家支持的活动导致的直接或间接结果。政治镇压几乎总是以"国家安全"为由，特别是在专制国家。例如，新加坡的"全面安全主义"将国内政治颠覆直接与国家安全联系起来。美国有时也为内部政治压迫辩护，其中一个臭名昭著的事件是参议员约瑟夫·麦卡锡在20世纪50年代领导的对共产党员的迫害运动。最近的反恐战争是另一个发展，这不仅涉及美国在海外的军事干预，还涉及以"国土安全"的名义破坏美国国内公民的自由。英国和西方其他国家也出现了类似的发展。

总的来说，侵犯人权的行为常常会得到辩护，理由是这些行为是出于其服务的目的——通常是"国家利益"——而这又符合国家权利的概念。然而，以牺牲本应由国家负责保护的人民（即公民）为代价追求国家权力损害了最初建立主权国家概念的合法性。如果现代主权理论对国家规定了任何道德义务，那肯定是人民的安全和福祉。这符合霍布斯提出的对国家内部安全和主权国家所承担的保护责任的论点。这反过来又与最近提出的"保护责任"概念有关。

国际关系中的人道主义干预和"保护责任"

国际关系中"干预"一词指的是外部行为者，即另一个国家、国家集团、国际组织或非国家集团，对一个国家内部事务的某种入侵。在某些情况下，干预可能会得到涉事国家当局正式的谅解，国际维和活动就是这样。

例如澳大利亚、新西兰和其他部队在 2000 年干预东帝汶得到了印度尼西亚的允许（尽管有些勉强）。有时，对自然灾害采取人道主义援助形式的干预通常是政府当局可以接受的另一种形式。但是其他情况的干预会专门针对当局政府，比如 2001 年美国领导的联盟将塔利班赶出阿富汗政府，2003 年入侵伊拉克并推翻萨达姆·侯赛因，以及 2011 年对利比亚的干预，尽管其最初的意图不是"政权更迭"，而是保护平民免受卡扎菲军队的攻击。就叙利亚而言，迄今为止，西方干预的目标已经不是叙利亚国家军队（尽管政权更迭被认为是非常可取的），而是伊斯兰国武装分子；而俄罗斯的干预，尽管表面上也是以此为目标，但主要是为了消除更温和的叙利亚反对派。

无论是基于人道主义理由还是其他理由，强行干预都直接违反了不干涉主权国家内政的原则。鉴于国家间战争的历史，不难理解人们为什么如此重视这一理论。然而，主权和不干涉的双重原则在当代已经被大大削弱。冷战的结束和不断变化的国际环境也造成了这种转变。正如我们在第四章中看到的，随着重大的国家间战争的前景逐渐成为历史，人们更加关注全球范围内的致命内部冲突。冷战后早期的联合国秘书长布特罗斯·布特罗斯-加利在提交给安理会的一份题为《和平纲领》（*A Agendo for Peace*）的重要报告中说，尽管在和平与安全方面取得共同国际进步的前景仍然牢固地建立在尊重国家基本主权和领土完整的基础上，但主权原则需要与对国家边界内发生的事情的合理道德关切相平衡。这意味着国际安全议程包括人权和善政问题以及增强穷人和边缘化群体的权能（Lawson，1995，pp. 4–5）。

当代各种干预实例所附的"人道主义"标签提供了基本的规范性理由，支持者会辩称，这些理由高于国家主权不可侵犯的原则。这是北约领导的联盟在科索沃针对塞尔维亚时使用的论点，由于焦点是人道主义关切，因此主要的安全对象是阿尔巴尼亚裔科索沃人。然而，在塞族方面，主要的安全对象仍然是"塞族国家"。关于科索沃战争后的维和行动，一个令人感兴趣的问题是，保护塞族科索沃人免遭阿族科索沃人的报复袭击成为一个关键的安全考虑。这表明在危机局势中，受害者和肇事者的身份并不稳定，因此也是主要的安全参照对象。

认定干预行为是否是人道主义行为也可能会有不同的解释。这不能仅仅依靠那些干预者的说法。例如，人们普遍认为1994年法国对卢旺达的干预主要是出于法国对自己在非洲的利益和地位的看法，尽管提出的唯一理由是人道主义原则。2011年，法国人再次卷入"象牙海岸"事件，当时的前总统洛朗·巴博拒绝辞职，尽管输给了他的竞争对手阿拉萨内·瓦塔拉，一些人将此事描述为法国新殖民主义的一个例子。该地区的其他人则不这么认为，一家尼日利亚报纸称，"当瓦塔拉和法国部队在做别人的工作时，非洲联盟却在遥远的的黎波里陷入昏迷，一边吃着饭，一边按摩着卡扎菲的自负"（BBC News，2011）。

自从2001年"国际干预与国家主权委员会"（ICISS）发表题为《保护的责任》（The Responsibility to Protect）的报告以来，这类问题已经引起了激烈的争论，该报告在2005年联合国大会上获得通过。这是基于苏丹学者兼联合国顾问弗朗西斯·登提出的一个想法，他主要从事人道主义危机方面的研究，这个想法的产生是基于在国内暴力冲突局势中产生的大量难民和国内流离失所的人，他呼吁重新关注各国对本国人民应承担的责任，以及国际社会在这种局势中的更广泛的作用（Deng，1995）。这直接导致了国际干预和国家主权委员会的成立及《保护的责任》报告的提出。一项关键主张是，"主权国家有责任保护本国公民免遭可避免的灾难，但当它们不愿意或不能这样做时，这一责任必须由更广泛的国际社会承担"（ICISS，2001）。因此，"保护责任"首先是国家对本国人民安全的责任，当任何国家未能实现其基本目标时，这种责任可能会转移到外部领域——国际社会（Bellamy，2002）。

实际上，干预的决定只能由联合国安理会做出，在安理会中，任何常任理事国包括美国、英国、法国、俄罗斯和中国都可以行使否决权。在利比亚问题上，北约的干预是经过授权的，因为俄罗斯和中国弃权了，也就是说卡扎菲没有得到任何一方的支持。就叙利亚问题而言，俄罗斯和中国支持阿萨德政权，因此许多关于叙利亚的决议都被否决了。

虽然从人权角度来看，有充分的理由支持在某些情况下违反主权不可侵犯的准则进行人道主义干预，但问题仍然是谁有权裁决任何特定的案件。"国际社会"这个相当模糊的实体或多或少地体现在联合国中，在这方面，只有联合国才能够宣称所需的合法性。但是这个问题的某些方面超出了合法性和权威性的衡量标准。一位批评家指出，干预总是一种权力行为。在现阶段，通常由富国和强国包括美国及其主要盟友来决定干预的时机及"人道主义"的界定。因此，"人们不必为暴政辩护就能看到这不是一种特别令人满意的状况"（Brown，2002，p. 153）。正如我们接下来看到的那样，这种批评得到了"反恐战争"一方的支持。

21 世纪的战争与恐怖

如同许多政治概念一样，甚至连定义"恐怖主义"都是有困难、有争议的。然而，实际上，《制止向恐怖主义提供资助的国际公约》（1999）提供了一个起点："任何……意图在武装冲突局势中造成平民或未积极参与敌对行动的人死亡或身体伤害的行为，根据其性质或背景，如果这种行为的目的是恐吓民众或迫使政府或国际组织做或不做任何行为。"（引述于 Smith，2015，p. 11）恐怖主义的目标本质上是政治性的，其方法是有组织的暴力行为，具有"恐吓、冷酷、无视既定的人道主义价值观和不可抑制的曝光欲"的特点，而战略上"通常包括劫持、绑架人质、爆炸、滥杀、暗杀和大规模谋杀"（Evans and Newnham，1998，p. 530）。

国际政治中的恐怖主义也存在了很长一段时间，尽管近年来最引人注目的事件显然是一系列被称为"9·11"的事件。在一个重要的国际联盟的支持下，美国的回应是在阿富汗部署军事力量，因为在阿富汗，应对此负责的"基地组织"受到塔利班政府的保护。这次干预似乎成功地实现了其短期目标，将塔利班赶下台并建立了一个对美国友好的新政府。

在这一显而易见的胜利鼓舞下，美国还在 2003 年领导了对伊拉克发动的战争，表面上理由是萨达姆·侯赛因政权统治下的伊拉克已经发展了大规模杀伤性武器，因此对国际和平与安全构成了重大威胁。尽管美国未能得到联合国安理会的支持，但它得到了大约 50 个其他国家的大力支持，尤其是托尼·布莱尔领导下的英国，这些国家共同组成了一个"自愿联盟"。这些盟友以及绝大多数美国人显然相信，伊拉克是与"9·11事件"有关的国际恐怖主义网络的一部分。这种说法从来没有任何证据，但普遍认为这个谎言是真实的（现在仍然认为是真实的），尤其是在美国，这一事实证明了后现代主义学者提出的权力和知识之间的联系，正如前面提到的那样。

15年后，阿富汗仍然是一个非常脆弱的国家，充满了内部冲突和腐败，无法为许多人提供基本安全。尽管"基地组织"领导人奥萨马·本·拉登终于在2011年被美国特工在巴基斯坦发现并枪杀，塔利班的叛乱仍在继续。伊拉克的情况也好不到哪里去。尽管奥巴马于2010年8月宣布结束美国在伊拉克的军事任务，但局势仍然非常不稳定。自2003年发动战争以来，对伊拉克军队和平民伤亡的最佳估计是将近25万人，不包括受伤或永久致残的人（IBC，2016）。众所周知，伊拉克从来没有任何大规模杀伤性武器。第二个理由是"拯救伊拉克人民免受萨达姆独裁政权的恐怖压迫，并在阿拉伯世界的中心建立民主制度"，这可能有令人愉快的人道主义基调，但这至少在一定程度上被认为是在大规模杀伤性武器理由崩溃后一个挽回面子的策略。

鉴于这些因素，有充分的理由怀疑关于人道主义干预的论点。另一方面，在任何情况下都不进行真正的人道主义干预可能是错误的。例如，如果对卢旺达进行更及时的干预，很可能会有效地防止那里的种族灭绝，并消减人们对"黑人"生活不如"白人"生活有价值的怀疑。尽管有新殖民主义的指控，但2011年对利比亚的干预与阿富汗或伊拉克的情况也大不相同，有更有力的证据表明真正的人道主义动机在起作用。即便如此，利比亚今天的局势仍然混乱和危险，没有一个被各方所接受的政府存在，这创造了有利于伊斯兰国活动的局面。

尽管美国及其盟友使用常规军事手段来进行"反恐战争"，但他们几乎没有面对常规敌人。相反，正如巴卡维和拉菲（2006，p.329）在他们的后殖民批评中指出的，"生存威胁"不是来自另一个国家或国家集团，而是来自基地组织形式的"跨国网络企业"。这与传统描述的世界政治关系，即大国间的博弈的说法背道而驰。作者还认为，此外，现有的安全模式不足以应对这一发展是由于根深蒂固的"欧洲中心主义"，它未能理解"欧洲和非欧洲世界的相互建设以及它们在创造历史中的共同作用"（同上，p.330）。他们还指出，正如其他重要的安全学者所做的那样，"西方国家"所追求的许多冲突往往是按照文明使命来构建的："不管是'白人的责任'，还是人道主义干预……或者是'9·11'事件后对阿富汗和伊拉克发动的战争，前提假设是西方国家有权携带武器解放'当地人'。他们声称，这是并且一直是帝国主义一切形式的主要理由：'让野蛮人进入文明'。"（同上，p.351；另见 Orford，2003，p.47）同样，这种后殖民主义分析方式为美国及其盟友的人道主义理由提供了一个截然不同的视角。

可以理解的是，近年来关于恐怖主义和相关安全问题的大部分讨论都集中在"9·11"事件的余波以及西班牙、俄罗斯、英国、印度尼西亚、印度和法国等地极端主义伊斯兰团体的袭击。尽管如此，这种类型的攻击并不典型，从更广阔的角度来看是很重要的。大多数恐怖袭击都是针对国内政权或恐怖分子本国的其他目标。仅举几个在过去几十年中活跃的例子，从巴斯克到克什米尔的各种分离主义团体，以及北爱尔兰、秘鲁、斯里兰卡、菲律宾和以色列/巴勒斯坦的类似运动都使用恐怖战术来推进其政治目标。一些恐怖组织也将政治目标与宗教事业联系起来，没有一个主要宗教可以幸免。印度教、基督教、犹太教、佛教和伊斯兰教都曾一度激发了恐怖主义活动，他们利用宗教使恐怖主义成为实现正义目的的一种手段。一位消息人士利用美国联邦调查局汇编的数据指出，1980年至2005年间，针对美国的恐怖袭击造成的死亡人数中只有6%是穆斯林极端分子造成的，7%的死亡人数是犹太极端分子造成的。欧洲的数字不到1%。除此之外，世界各地伊斯兰极端主义恐怖袭击的绝大多数受害者事实上是其他穆斯林。报告中提到的另外一些非穆斯林美国组织有三K党、麦德林贩毒集团、爱尔兰共和军、反卡斯特罗集团、摩门教极端分子、越南消灭共产主义者和恢复国家组织、犹太防卫联盟、奇卡诺解放阵线、犹太武装抵抗运动团体、美国印第安人运动团体、同性恋解放阵线团体、雅利安民族团体、犹太行动运动团体、解放古巴民族阵线和第四帝国光头党（Global Research，

2013）。

最近对伊斯兰教的关注也开始转移到一种与特定个人有关的恐怖主义形式，这些个人可能单独行动或领导小规模但致命的信徒团体。这些在美国和其他任何地方都能找到。俄克拉荷马州爆炸案制造者"蒂莫西·麦克维"以及在他之前臭名昭著的"炸弹客"都是典型的孤身作案，有时这被认为是一种几乎独一无二的美国偏执型恐怖分子的代表。

在研究恐怖主义的来源时，虽然可以指出特定群体的不满，但对此没有简单的解释。例如，对"伊斯兰恐怖主义"原因的描述会涉及对一系列复杂因素的关注，包括殖民遗留问题、以色列/巴勒斯坦问题、中东石油工业的政治经济问题、水资源的控制、伊斯兰团体与阿拉伯世界中亲美国家的对抗等。尽管一些组织，如巴斯克、爱尔兰共和军和巴勒斯坦团体都经历过少数民族在历史上曾遭受过的来自另一个团体操控的国家势力的压迫，这些组织都有各自不同的历史。另一方面，仍有国家支持的恐怖主义现象，某些国家在不为人知的情况下，积极地组织针对另一个国家的恐怖主义活动。多年来，美国一直指责一些国家，其中包括利比亚、叙利亚、伊朗以及阿富汗。但是，也有文献记录了美国为了保护其在拉丁美洲、非洲、中东和亚洲的既得利益所进行的恐怖主义活动（George，1991）。

从更广泛的角度来看，人们必须问能做些什么来持久解决国家和国际恐怖主义问题。建立"国土安全"防御计划和追捕特定的恐怖组织是一回事。但是，完全解决恐怖主义根源是另一回事。虽然不一定是在物质匮乏的不利条件下发现的，但这可能是一个因素，加上对某个国内执政当局或国际霸权的强烈不公正感，这种不公正感被认为至少对这些不利的生活条件以及随之而来的尊严和尊重的丧失负有部分责任。

环境安全和绿色议程

虽然环境问题从来都不是传统国际关系讨论的核心问题，但环境问题已经以几十年前无法想象的方式变成了"安全"问题。我们看到如飓风、洪水、海啸、干旱、地震和森林火灾等自然灾害已经产生了严重威胁人类安全的问题。当然，像战争这样的天灾已经算不上新鲜。但是，使他们在当前时期成为如此热门政治问题的是，人们认为许多自然灾害与工业化和全球"碳经济"相关联，因此是"人类世"的表现。气候变化是当前时期最突出的例子，科学上有一个强烈的共识，即通过向大气中释放过多的"温室气体"而导致的全球变暖主要是由化石燃料的消耗和牲畜饲养造成的。面对未来可能发生的灾难性后果，要求在最高级别采取行动的压力越来越大。它还表明，"我们现在对安全的看法需要进行重大改革，因为传统的地缘政治稳定环境背景假设已经不再成立"（Dalby，2015）。

正如我们所见，环境问题的安全化伴随着绿色理论思维的出现。主要参考点是对保护环境的关注，这反过来又是因为人们认为环境面临重大威胁。这些形式多种多样，不仅仅是与气候变化相关的形式：陆地或水上的石油和化学品泄露；进入填埋场的有毒废物；通过修建水坝使河流系统退化；生物多样性日益减少；外来植物或动物入侵敏感生态区等。反过来，许多这些问题对粮食资源产生重大威胁，因此"粮食安全"和"水安全"——人类生存的基本要求——现在被认为是数百万人生存的重大问题。

2007年，联合国安理会首次讨论了气候变化对安全的影响。虽然没有明确的协议将环境问题正式列入议程，但这是环境问题安全化的一个重要步骤。自那时以来，全球政治层面的进展一直缓慢，直到2015年12月的巴黎气候大会（COP 21）上，195个国家签署了第一份具有法律约束力的协议，旨在将全球变暖限制在比工业化前水平低2摄氏度以下。尽管大多数国家有国家气候行动计划，但行动的后续程度仍有待观察（European Commission，2016）。

气候变化和全球变暖已经成为世界政治的主要议题领域，这是因为人们认识到人为环境变化的普遍影响已经危及国家和未来全球安全。对气候变化的"否认"在某些方面仍然很活跃，即使面对这一现实的普遍科学共识，以及随后几乎一致的全球行动政治协议。一个有趣的问题是为什么存在如此强烈地反对接受科学证据的行为。部分答案在于一个相当明显的事实，即碳基能源存在既得的工业利益（就像烟草行业对健康警告的强烈抵制一样）。但是在公众中，其他因素也在起作用。一个有趣的评论表明，否认气候变化部分是"现状偏见"的表现——趋向于支持我们熟悉的系统（在这种情况下是碳基能源）。有人进一步指出，现状偏见可能会让政治和社会制度很难改变，但是一旦它们真的改变了，同样的偏见就会起到强化新现状的作用（Mooney，2015）。随着新的全球现状的确立，各国政府可能会找到未来获得更清洁能源的道路，从而减少环境安全风险，并让其变得更加容易。尽管全球协议至关重要，但总是需要在国家或地方一级政府采取实际行动。正如1972年联合国人类环境会议顾问勒内·杜博斯发表的著名讲话："全球思考，局部行动。"

结论

本章概述了处理安全和不安全问题的传统和最新的重要方法。还强调了当今学者们和决策者们面临的一些最严重的实际问题。此外，应该强调的是，这里提到的任何理论都没有脱离"现实"世界的政治实践。事实上，安全理论，就像一般的国际关系理论一样，与当地的实际发展密切相关。对包括性别观点在内的重要安全研究领域的关注，进一步突出了这本书的一些一般性主题，即从政治和安全角度来看，社会进程在构建关键领域中的重要性，以及国内/国际鸿沟问题的本质。

扩展阅读

Burke, Anthony, Katrina Lee-Koo and Matt McDonald (2014) *Ethics and Global Security: A Cosmopolitan Approach* (Abingdon: Routledge).

Dalby, Simon (2013) 'Rethinking Geopolitics: Climate Security in the Anthropocene', *Global Policy,* 5/1: 1-9.

Hough, Peter, Shahin Malik, Andrew Moran and Bruce Pilbeam (2015) *International Security Studies: Theory and Practice* (Abingdon: Routledge).

Kaldor, Mary and lavor Rangelov (eds) (2014) *The Handbook of Global Security Policy* (Chichester: Wiley Blackwell).

Kay, Sean (2015) *Global Security in the Twenty-First Century: The Quest for Power and the Search for Peace* (3rd edn, Lanham, MD: Rowman & Littlefield).

讨论问题

- 现实主义和自由主义安全观的主要区别是什么？
- 性别观点如何增进我们对安全和不安全的理解？
- 安全的关键方法在多大程度上削弱了国家作为安全主要目标的地位？
- 恐怖主义以何种方式藐视常规安全分析？
- 环境已经"安全化"，这意味着什么？

第六章 全球治理和世界秩序

几个世纪以来，秩序的理念和"理想"一直是政治理论的核心，但在现代，它几乎完全围绕着主权国家，无论是国内还是国际的。对于传统的国际理论家来说，主权国家体系促进了秩序，因为它在无政府状态下提供了一种结构稳定的衡量标准。然而，全球治理（global governance）也涉及"全球公民社会"（global civil society）领域的非国家或跨国行为者，反映了更广泛的面向社会关系的全球导向的社会运动。治理安排在第二次世界大战结束以来出现的区域化趋势中也很明显，许多人认为这是加强而不是削弱了世界秩序。尽管有这些发展，与种族和其他形式的身份政治相关的冲突已经将地缘政治分裂视为对国家体系"自下"的威胁。在当前时期，额外的压力导致了失败国家的出现，尤其是在前殖民世界，尽管不是唯一的。更普遍地说，对当代世界秩序的反思提出了西方的支配地位和特权问题，而美国的霸权只是其中的一个方面。因此，本章的最后一部分考虑了西方/非西方的鸿沟以及对世界秩序的一些影响。

全球治理与联合国

有人认为，如果国际联盟的产生是为了防止战争爆发，那么它的继任者联合国也是如此（Nye，2000，p. 160）。然而，从一开始，联合国在吸纳成员国方面就获得了更广泛的支持。国际联盟并没有获得最重要的几个成员国，尤其是美国的广泛支持，但联合国在1945年的旧金山大会成立时就有51个国家申请加入。此外，在数量上联合国没有被西方国家所掌控。除了9个创始成员国之外，所有其他成员国都来自世界其他地区，从而使联合国从一开始就更加"全球化"。它仍然是各国的首要俱乐部,事实上,加入联合国是国家地位的象征。我们在第四章中提到,随着第二次世界大战后非殖民化的发生,大多数前殖民地几乎同时获得了国家地位和联合国成员国资格。联合国从最初的 51 个会员增加到 1984 年的 159 个。1989 年后,成员数量再次增加,这主要是由于苏联解体后独立主权国家数量的激增。到 20 世纪末,联合国会员达到 188 个,到 2016 年已达到 193 个,最近加入的国家是 2011 年的南苏丹。联合国还承认两个非成员国——教廷(梵蒂冈)和巴勒斯坦,这两个国家都获得了常驻观察员地位。

考虑到联盟存在的缺陷,联合国的设计者试图设计一个更强有力的全球治理体系,使其具有更大的集体安全能力以克服联盟在预防重大战争方面无法发挥作用的缺陷。出于这个原因,联合国中央系统中最重要和最强大的机构是安全理事会,其常任理事国有五个大国——美国、英国、法国、俄罗斯和中国,每个国家都拥有否决权,另外还有 15 个轮值的非常任理事国。常任理事国显然反映了第二次世界大战的结果,现在改革派认为这种设计已经不合时宜了。它还反映了一种假设,即除非最强大的国家在安全理事会中获得更大的权利和地位,否则它们不可能继续致力于整个联合国。

即便如此,承诺还是个问题。例如,尽管美国从一开始就是一个关键角色,但美国国会中的保守分子以及整个美国社会经常对整个联合国及联合国某些机构怀有敌意。1984 年,罗纳德·里根总统撤销了美国在联合国教科文组织(UNESCO)的成员资格,指控美国财政管理不善、反美主义和普遍的反自由政策。玛格丽特·撒切尔首相领导下的英国跟随里根的领导。两人随后重新加入,但对超级大国组织仍存在某种民族主义敌意。2015 年 6 月,来自阿拉巴马州的一名美国共和党议员提出了一项名为《2015 年美国主权恢复法案》的提案,旨在让美国脱离联合国,理由是其"完全浪费了美国的税收",并且"损害了美国在世界各地的利益"(引用 Newman, 2015)。然而,在其他情况下,联合国的支持对于使美国的行动合法化至关重要,比如 1991 年对海湾沙漠风暴行动的领导,以及"9·11"袭击后,美国推翻塔利班政府后对驻阿富汗联军的领导。2003 年对伊拉克的战争没有得到这种支持,这使人们对这一特定行动的合法性和合理性产生怀疑。然而，考虑到美国及其盟友的实力，他们被追究责任的可能性很小。

联合国的主要任务是维护国际和平与安全，从而维护秩序，这一点从开始就得到了其他规范和实际关切的补充。这反映在联合国主持下设立的大量方案、基金和机构中。最著名的有上文提到的联合国教科文组织、世界卫生组织（WHO）、国际劳工组织（ILO，前国际联盟的一个附属机构）、联合国儿童基金会（UNICEF）、联合国贸易和发展会议（UNCTAD）、联合国环境规划署（UNEP）和联合国开发计划署（UNDP）。此外，在1948年联合国大会上通过的《世界人权宣言》（UDHR）和随后的两项公约明确表明联合国不仅要关心主权国家的完整性，也要关心公民个人。如前所述，出于对人权的关注，联合国对冷战后时期的人道主义干预采取了更加灵活的方式，这通常被解读为破坏国家主权原则。

但是，让我们再次考虑"内部"主权的规范层面，因为这样做有可能从稍微不同的角度来看待干预的人道主义，从另一个意义上来说，这是维护主权的道德基础。在这里，我们可以回顾霍布斯提出的主权理论，该理论赋予了君主或统治者对国家所有居民的绝对权力。但是霍布斯也认为，人们保留了自我保护的基本权利，因为正是出于这个目的，他们首先向当权者屈服。如果今天的国家统治者声称有权对其领土内的人民行使不受约束的主权，他们这样做的理由是，他们正在履行对其人民负有的安全和保护责任。如前所述，如果主权给国家带来任何道义责任，那肯定是人民的安全和福祉。当然，还有其他观点会凌驾于个人权利或少数人的利益之上，如对"国家安全"或"国家利益"的呼吁。但主权最终会指向一个明确的道德层面——一个国家所有公民的福祉。

实际上，不难证明一个不善待本国人民的国家（或政府）会在多大程度上给世界秩序带来诸多问题。当前，另一个显而易见的例子是造成了大量难民或者为了逃离内战和/或镇压的避难者。这使人们注意到联合国在过去十年左右强调的国内和国际秩序之间的关系，这为其许多活动，特别是维和活动提供了规范性基础。巴奈特（2010，p. 70）指出："如果普遍认为国际秩序的前提是平衡权力和忽视国内政治，那么现在人们越来越相信国内政治的重要性，而且强调国内和国际秩序之间的密切关系意味着各国正在'从威慑语言转向保证语言'。"

联合国的成功，至少和国际联盟相比，反映了战后普遍存在的截然不同的环境，其中包括一个稳定的，甚至充满敌意的两极结构，以及对国家间合作必要性的更多认识（Diehl and Frederking，2010, p. 3）。这突出表明，国家本身也是问题的一部分。尽管如此，联合国作为全球治理和世界秩序的机构，基本上是建立在主权国家制度的基础上，致力于维护这一制度成为秩序的主要基础。回顾秩序的理论化，我们可以看到不干涉的准则反映了英国学派理论的一个分支以及传统现实主义理论认可的多元化立场。此外，由于不干预作为准则，那么干预必然总是被视为例外，并且总是需要理由。与此同时，联合国一直认为有必要将一个纯粹的体系转变为更像是一个以团结主义为基础的国家社会。这反映在上面提到的各种各样的机构和方案中，也反映在许多人对联合国在自然问题或人为危机问题出现时的期望中。

全球公民社会与社会运动

诸多人道主义目标也得到了国际领域大量非国家行为者和社会运动的支持，它们共同构成了一个无形的实体，通常被称为"全球公民社会"。由于传统的国际关系往往侧重于国家和主要机构以及某些大经济体的作用，因此对非政府组织和更广泛的社会运动关注较少。然而，它们为促进全球性问题上的国际合作做出了重大贡献（Smith，2008，pp. 89–90）。

"公民社会"一词的现代起源是社会契约理论——以霍布斯的政治理论为例，但其理论基础是在今天仍占主导地位的德国哲学家黑格尔的理论。在其"国内"应用中，公民社会一方面是超越家庭的领域，另一方面是脱离国家正式机构的领域。黑格尔的方法并没有使后一种区分变得僵硬，因为国家被理解为综合了政治共同体中的各种因素。然而，在当代，公民社会代表着一个不同于国家正式活动和结构的人类互动和交往领域，而全球民间社会则超越了国家本身。

在诸如波兰这样的地方，公民社会的理念在冷战末期得到了普及，在那里，"团结工会运动"（Solidarity movement）被认为是一个新兴的公民社会的表现，它专门反对共产主义国家，并寻求自治。一些非政府组织使用其狭义的意义来指代自己因此，"公民社会团体"一词用来指代一些非政府组织。同样，全球公民社会通常被认为是指一些国际非政府组织团体（有时称为国际非政府组织），用以区别国家及作为国家代理人的组织或建立在国家系统基础上的机构，如联合国。国际非政府组织包括"绿色和平""国际商会""大赦国际""无国界医生组织""红十字会/红新月会""扶轮国际""国际政治科学协会""世界基督教联合会"等组织。这些机构不同于联合国设立的机构，如"儿童基金会""教科文组织"等，这些不是非政府组织。从批判理论的角度来看，人们认为这些组织"促使全球公民社会的'激进版'成为全球公共领域中的一个解放领域，在这个全球公共领域中，个人有机会参与同政府对话的社会契约谈判"（Kaldor cited in Buckley，2013，p. 56）。

然而，无论是从国家还是全球角度，对公民社会的广义理解几乎可以包括所有私营企业或协会、不受监管的市场（包括"黑市"）、俱乐部、慈善机构和压力团体，以及无政府主义团体。它还涵盖一些犯罪组织，其活动范围从武器、毒品与贩卖人口到恐怖主义。因此，尽管许多非政府组织，包括"好的"非政府组织，可能希望给这个词赋予一个完全积极的含义，但更现实的理解必须包括所有形式的非国家团体。然而，有一类非政府组织得到了联合国的正式承认，并获得了咨商地位。根据联合国的标准，这些组织必须有一个公认的、民主负责的行政部门，他们不能是营利性的，不能鼓吹暴力，不能通过政府间协议建立，他们必须支持联合国的目标和原则，特别是不干涉原则。一些人主张一套更严格的标准，只允许"进步"组织获得咨商地位，而不允许如"美国国家步枪协会"等类似的组织获得咨商地位（Willetts，2008，p. 340）。

如上所述，民间社会活动的各种表现与被称为"社会运动"的现象联系在一起，这种现象以各种方式、出于各种不同的原因或目的，参与挑战并经常抗议体现在某些既定政党、政府、国际制度（特别是经济制度）之中的正式政治。因此，社会运动可以被描述为"一种独特的有争议的政治形式"，通常针对一组特定的既定政治、社会或经济利益提出集体诉求（Tilly and Wood，2016，pp. 3–4）。拥有地方（或国家）基础和全球网络的普遍运动（不同于特定组织）包括环境运动、人权运动、妇女运动、和平运动、同性恋权利运动、动物权利运动和土著权利运动，以及参与社会或政治事业的宗教运动。这些机构又与各种非政府组织联系在一起；例如，绿色和平组织显然构成了更广泛的环境运动的一部分。更普遍地说，有人认为全球社会运动和非政府组织联盟的兴起反映了一种新兴的国际政治（Cohen and Rai，2000，p. 13）。反过来，这反映了一种超越地方或国家空间的国际伦理。然而，这并没有削弱全球社会运动。相反，全球社会运动可以被视为将地方、国家和国际团结在一起的积极动力。也就是说，尽管上面提到的大多数运动可能与进步的原因有关，但其他运动则不是。穆斯林世界中的伊斯兰原教旨主义、美国的基督教原教旨主义、欧洲的新纳粹运动和美国的"茶党运动"可能被归类为社会运动，但它们几乎没有"进步"。

有人认为，许多社会运动与民间社会的关系不是由主权国家的边界或国家授权的行动来界定的（Camilleri and Falk，1992，p. 211）。许多运动确实如此。尽管如此，许多社会运动是以国家为导向的，至少最初是如此，随后不久就会产生国际影响。一个例子是2010年12月在突尼斯开始的"茉莉花革命"或"阿拉伯之春"，当时一名街头小贩自焚，显然是为了抗议警察和政府中的镇压、虐待和腐败行为，此举引发了公众的强烈抗议，导致本·阿里总统政府在一个月内倒台。"传染效应"开始发挥作用，第二年左右，北非和中东一些国家，包括埃及、利比亚、也门和叙利亚，出现了大规模的跨国社会运动，要求民主改革，甚至政权更迭，在这些国家中，统治者的社会、经济和政治压迫已经根深蒂固了几十年。

上述每一个运动显然都是以国家为导向的，但与此同时，这些运动可以说是属于更广泛的并得到了各种民间社会团体（以及民主政府）支持的民主运动的一部分，并且早在冷战结束前就已经在全球存在。也可以说，东欧和苏联共产主义的解体代表了一场广泛的社会运动的净效应，其组成部分基本上是以国家为基础和导向的。当然，这与民主是政府的一种形式，政府是国家的产物这一事实有关。更普遍地说，有人认为，引发最近许多抗议的原因往往是针对具体国家的，与国家政治关切有关，与过去相比，与跨国问题的关系更少，尽管政府当局，尤其是那些专权派，经常寻求指责来自外国的影响（Carothers and Youngs，2015）。

最近出现的一个最著名的运动无疑是集中在全球范围内的，它是一个构成了所谓"反全球化运动"的无定型群体集合，但更准确地说是"反公司全球化"（Jones，2010，esp. pp. 168–190）。从某些方面来说，它可以被称为"运动的运动"，代表从环境到第三世界债务减免等各种原因。代表这些原因和其他原因的不同团体于 1999 年 11 月首次在西雅图聚集起来抗议世贸组织。接下来的几年里，在各种论坛上，包括 2000 年 9 月在布拉格举行的国际货币基金组织会议。2001 年 6 月在哥德堡举行的欧盟首脑会议，随后一个月在热那亚举行的八国集团首脑会议，2007 年在悉尼举行的亚太经合组织会议，2010 年在多伦多、2012 年在墨西哥的洛斯卡沃斯及 2014 年在布里斯班举行的二十国集团首脑会议，以及每年 5 月 1 日在不同地点都发生了进一步的大规模抗议活动。这些现在已经成为重大的安全事件，城市中心成为禁区，部署了数千名安全人员。这些团体中最引人注目的是革命无政府主义者，他们总是使用暴力来吸引人们的注意力，尽管他们是少数，不能代表更广泛的社会运动。如上所述，自 2008 年全球金融危机及随后的一段时间以来，反全球化抗议活动有所减少，而更多地关注地方 / 国家问题。但是它们仍然是一个重要的跨国现象。

现在有了一个正式的世界社会论坛（World Social Forum），该论坛于 2001 年在巴西举行了第一次会议，现在每年举行一次，最近一次于 2016 年 8 月在蒙特利尔举行。它的"原则宪章"指出，世界社会论坛是一个公开的会议场所，让反对新自由主义、反对资本和任何帝国主义形式统治世界的民间社会团体和运动进行反思性思考、民主思想辩论、提出建议、自由交流相互联系的经验，以便采取有效行动，同时"致力于建设一个旨在实现人类之间以及人类与地球之间富有成效的关系的行星际社会"（World Social Forum，2011）。

以这种或那种方式参与"全球抗议"团体的共同目标是"全球资本主义"和跨国公司在当前世界秩序中日益增长的、不负责任的权力。除其他外，这引发了国家与市场之间关系的问题，我们将在下一章中对此进行讨论。

区域化与世界秩序

许多关于世界秩序和全球治理的讨论，特别是关于经济层面的讨论，显然都是围绕全球化现象展开的。这被广泛认为是冷战后局势最重要的特征之一，我们将在最后一章更全面地探讨这一现象及其对国家和国际关系的影响。然而，在目前阶段，区域化或区域一体化似乎至少与全球化相匹配，成为世界或国际秩序的一个主要特征，尽管它在很大程度上是互补的而不是相反的过程。简而言之，区域化是一个发生在超国家层面，但在特定地理区域内的整合过程。它的特点是重大的协调经济互动以及随之而来的社会后果。区域化在加强邻国关系的稳定方面也可能具有重要的安全意义。我们也应该注意到，"地区主义"就像几乎任何以"ism"结尾的术语一样，指的是某些信仰和价值观，具体指的是围绕着"地区"以及围绕它建立的过程、活动和机构的信仰和价值观（Lawson，2009，p. 301）。

在世界大部分地区，区域一体化是一种动态，正在改变世界政治的重要方面。这在《联合国宪章》（第八章）中有所预计，该章主要涉及安全问题，而不是经济或其他问题，尽管在许多地方，这仍处于相对早期的发展阶段。欧盟代表着最先进的实验，也是一个已经酝酿了很长时间的实验。欧盟从1948年欧洲运动的形成到1992年《马斯特里赫特条约》的签订，历经45年最终正式形成。尽管英国退出欧盟正在深化和扩大进程，欧盟的最终目的地仍然未知。当然，目前还不清楚欧盟未来会如何发展。一方面，一些人认为它是一个正在形成的超级大国，最终将吸收其成员国的大部分主权，这个过程包括会制定一部宪法，甚至可能包括建立一支常备军。其他人认为，欧盟不会成为威斯特伐利亚那样的超级大国，而是正在演变成类似于新中世纪帝国的东西，它将保留其人口中惊人的文化多样性，以及多中心治理、模糊的边界和多重重叠的管辖权（Zielonka，2007）。

无论今后欧盟可能发展的方向和偶有面临的问题，人们仍然普遍认为欧盟是迄今为止在区域化方面最成功的做法，为世界各地做出了榜样。另一方面，以欧洲为中心的信仰或态度意味着往往无法理解其他地方区域化所涉及的特定历史、进程和意识形态，这反过来又证明了在为区域比较研究制定适当框架时以欧洲为中心的信仰或态度存在劣势（Söderbaum，2016，p. 7）。此外，还有许多其他地方主义组织也在进行比较研究。在亚太地区，有东南亚国家联盟（东盟，ASEAN）、亚太经济合作论坛（亚太经合论坛，APEC）、南亚区域合作联盟（南盟，SAARC）和太平洋岛屿论坛（，PIF）。在美洲，除了横跨太平洋的亚太经合组织，还有中美洲共同市场（CACM）和中美洲一体化体系（CAIS）、拉丁美洲一体化协会（LAIA）——其前身是拉丁美洲自由贸易协会（LAFTA）——南锥体共同市场（MERCOSUR）、加勒比共同体和共同市场（CARICOM）及北美自由贸易协定（NAFTA）。

在非洲大陆，有非盟（AU）——其前身是非洲统一组织（OAU）——非洲经济共同体（AEC）和许多非洲次区域协会，其中包括西非国家经济共同体（ECOWAS）、南部非洲发展共同体（南共体，SADC）和北部的阿拉伯马格里布联盟（UMA），以及阿拉伯国家联盟，其成员包括北非和中东。海湾合作委员会的成员完全是中东国家，只涉及六个国家：阿拉伯联合酋长国、巴林、沙特阿拉伯、阿曼、卡塔尔和科威特。这些只是一些主要的区域组织，但除此之外还有许多其他较小的组织。总的来说，这些组织的激增表明，尽管主权国家的国际关系模式仍然是世界秩序的核心，但区域组织的地位变得越来越明显。

简单地回到欧盟，对于欧盟模式是否真的适合世界其他地区的发展还存在一些争论。然而，这是每个地区企业需要解决的问题：欧洲经验的某些方面可能与其他地方的项目相关，而与有些地方可能不相关。继全球金融危机之后，欧元区债务危机给欧洲怀疑论者（那些普遍反对欧盟的人）带来了一剂强心针，尤其是在英国，2016年6月举行的全民公投通过了"脱欧"的决议，尽管其中涉及的问题比债务危机产生的问题更多。

另一个值得注意的发展是区域间主义，这种现象本身加强了区域化以及多边主义作为政治、经济和文化事务外交模式的趋势，例如亚欧会议（ASEM）。它成立于20世纪90年代中期，现在有51个成员，包括所有欧盟成员，加上挪威、瑞士、罗马尼亚、保加利亚和克罗地亚。亚洲成员现在包括东盟国家加上中国、日本、韩国、蒙古、印度、巴基斯坦、孟加拉国和哈萨克斯坦。澳大利亚和新西兰，在文化和地缘战略意义上被视为"欧洲人"，尤其是在亚洲价值观辩论的全盛时期（Lawson, 2009），现在已成为成员国，但他们与俄罗斯都属于"欧亚"国家的特殊类别。亚欧会议主要是为了增强经济关系，但这个过程也揭示了一些重要的文化/意识形态因素。此外，它促进了非政府组织的参与以进一步扩大多边互动的范围。但是批评观察家们认为，这是一个基本上"什么都不做"的空谈，在实际效果方面收效甚微（Fitriani, 2014, p. 3）。

总而言之，尽管区域计划已经存在了几十年，但冷战后的世界已经出现了一种更加强大的区域化模式。当然，正如其他地方已经出现的组织一样，冷战期间支持两极世界秩序的战略和意识形态结构的崩溃对欧盟进程的进一步的深化和扩大起到了重大推动作用。但是，区域化和全球化的发展（它们是互补的，而不是对立的）是否会损害主权国家？我们将在最后一章中进行更深入的讨论。

世界分裂和混乱

第四章简要论述了冷战后发展背景下的种族和致命的身份政治，并指出，许多人看到的不是自由理想主义原则下出现的新世界秩序，而是"新的世界无序状态"的兴起。就安全问题而言，族裔或身份冲突的频发似乎使冷战后期不如冷战时期稳定。由于当代时期的许多问题都是由于前共产主义世界的重组造成的，因此可以说，自冷战结束以来困扰前共产主义世界部分地区的冲突和不稳定是一种暂时现象，尽管一些冲突，如俄罗斯和乌克兰之间的冲突，仍在继续。在其他地方，每年仍有数千人死于暴力冲突。虽然几乎所有这些冲突都是内战，但如前所述，它们具有重要的国际影响力。

我们还应该注意到，种族冲突和身份政治并不仅仅是冷战后世界格局下出现的一种新现象。种族冲突是整个 20 世纪的一个严重问题。伍德罗·威尔逊和参与国际联盟的其他人都承认这一点，尤其是在东欧，这是从那时发展起来的自决规范理论背后的一个关键因素。第二次世界大战后，种族冲突的可能性大大增加，特别是因为许多新独立的非洲和亚洲国家都有非常多样化的种族群体，除了彼此之间的友好关系之外，无利可图。虽然有些人团结一致反对殖民统治，但这并不一定会产生足够的力量来克服基于种族或部落差异的利益冲突。此外，在独立后往往岌岌可危的政治局势中，种族恐惧、敏感和不安全常常被政客利用，因为身份政治似乎是他们可以利用的资源。

一项研究显示，2014 年，世界各地发生了 42 起武装冲突（主要是内战和叛乱），共造成 18 万人死亡。相比之下，2010 年有 55 起冲突，但死亡人数不到 50000 人。因此，虽然冲突数量减少了，但冲突造成的死亡人数（主要是平民）增加了三倍多，表明冲突变得更加激烈。这也导致目前有大量难民和境内流离失所的人需要重新安置（International Institute of Strategic Studies，2015）。虽然这些冲突中有许多涉及种族因素，但引发冲突的不仅仅是种族差异这一事实。与"差异"相关联的是这样一种看法，即一个或另一个群体的成员遭到其他更有特权的群体的压迫或被剥夺资源和机会，因此，如果没有其他解决不满的途径，他们会被迫卷入暴力冲突。另一方面，更多的特权群体可能会害怕失去资源和机会，因此被迫捍卫他们的特权。所有这些都表明，仅仅把冲突理解为"种族"是不够的，还需要考虑包括相关的剥夺和其他激励因素在内的政治经济层面（Sen，2008）。

许多卷入种族冲突的人的目标是建立一个新的国家。正是因为这个原因，这些群体经常被描述为"民族主义者"——这个术语将政治化的民族认同与正式国家地位所体现的国家地位要求融合在一起。这通常意味着划分一个现有的国家来满足完全自治的要求。因此，巴斯克民族主义者试图从西班牙分裂出去，魁北克人试图从加拿大分裂出去，泰米尔人试图从斯里兰卡分裂出去，布干维尔人试图从巴布亚新几内亚分裂出去，西巴布亚人试图从印度尼西亚分裂出去，车臣人试图从俄罗斯联邦分裂出去等。一些库尔德人寻求建立一个属于自己的国家，这可能包括分离几个现有国家（包括土耳其、叙利亚、伊朗和伊拉克）的一部分来建立一个新的国家。最近出现的新国家是苏丹，这个国家受到大规模暴力的困扰，表面上是由于身份政治及所谓的"资源诅咒"造成的，因为该国拥有大量的石油储备。2011年1月的全民公决中，南苏丹人压倒性地支持脱离苏丹从而建立了新的南苏丹。

人们有时把分离主义运动看成是"自下"分裂国家体系，并对世界秩序构成威胁。联合国前任秘书长、已故的布特罗斯·布特罗斯-加利曾指出，如果每个民族（或宗教或语言）群体都以独立国家的形式宣称独立，"分裂会不断出现，所有人的和平、安全和经济福祉将变得更加难以实现"（McCorquodale, 1996, p. 9）。他的解决办法是在国家内部加强对人权的承诺以减轻分裂主义造成的压力。这意味着，除其他外，尽管自决可以理解为一项权利，但它不是一项绝对权利。相反，它受到限制，以免对国际安全造成威胁或侵犯国际社会其他成员的权利和利益（同上）。

种族冲突问题困扰着前殖民世界的许多地方。我们早些时候指出，第二次世界大战后的殖民地国家依据其宗主国最初设定的边界建立了新的国家。反过来，这又加剧了种族冲突的可能性，因为其中许多国家都有了不同的种族群体。此外，一些边界实际上在国家之间分割了族裔群体。但是，尽管多民族国家存在潜在的问题，但是将前殖民国家划分为更具民族凝聚力的国家的做法遭到了抵制，而且往往遭到后殖民精英本身最强烈的抵制。那些曾打着殖民国家全体人民旗号领导民族主义斗争并最终掌握权力的人，不允许新获得的权力受到威胁。殖民秩序可能已经过去，但是整个非洲、亚洲和太平洋的后殖民主权国家秩序是在它的基础上建立起来的。

也有例外，一个著名的例子是1947年印度次大陆的分裂，这在印度现有边界内以及巴基斯坦东部和西部建立了一个单一的、以穆斯林为主的国家。然而，就残忍和流血程度而言，其后果可能比任何其他国家走向独立的道路更可怕。分治后，两国之间立即有1400万至1800万人被迫转移，这是一次种族清洗活动，不仅数百万人变成了难民，而且每个群体中报复者的谋杀、强奸和其他虐待罪行造成约有200万印度教徒、穆斯林和锡克教徒丧生。正如我们所见，东巴基斯坦后来分裂成孟加拉国——这是冷战时期成功分裂的罕见案例。克什米尔至今仍有争议，最近也使两个核大国处于公开战争的边缘。

因为后殖民国家建立在由殖民官僚确定的、似乎是任意的边界之上，这种边界通常被描述为"人为的"，尤其是因为它们不遵循由种族因素决定的逻辑。但是这种观点也容易受到批评，因为称某一类边界为"人工"是基于假设有其他类型的边界将人们从"自然"形成的边界分隔开（或"包围"起来）。当然，在某种意义上，河流、山脉、海洋或其他一些特征可以被视为自然形成的边界。但是，将"自然"一词用于划分基于种族、族裔、文化、语言或其他差异因素形成的群体是另一回事。如前所述，假设某件事是自然发生的，前提就是把它当作永久的和不可改变的。理解种族认同最恰当的角度应是情境，是基于背景远非"自然"因素。种族认同也不一定与政治相关联，更不用说要求一个国家接纳它了。此外，一些假定的族群成员，有时甚至大多数，不一定支持分离主义团体的事业（或策略）。并非所有的库尔德人都想成为库尔德斯坦人，而且不到50%讲法语的魁北克人支持建立独立的国家，苏格兰选民也拒绝了2014年独立的提议。因此，尽管特定群体的身份可以长期存在，但他们仍会经历变化、衰落、更新、遗弃和转变，这取决于在不同环境和不同时期发挥作用的政治、社会和经济因素。所有这些都符合强调任何政治安排的社会建构特征的理论。

失败或正经历失败的国家的现象也必须在当代分裂和世界秩序问题的背景下加以考虑。这里失败的概念涵盖从长期无法为国家公民维持一个合理安全的社会、政治和经济环境到少数真正崩溃的国家，几乎没有合法的政府当局能够维持对中央机构的有效控制（Zartman, 1995, p. 1）。从外部的角度来看，一个失败的国家也被描述为"完全没有能力成为国际社会的一员"（Helman and Ratner, 1992-1993, p.3）。与"失败国家"概念相关联的是一个内部弱点的概念，因此成为"弱势国家"，这些国家面临着严重的问题，因为国内产生的威胁是对政府安全的威胁，而不是对国家本身的威胁。布赞（1991，p. 101）认为一些实体作为国家继续存在的原因，更多地是因为得到了其他国家的承认这一简单事实，而非其他任何因素。例如，"索马里"一词仍然指的是作为一个实体存在于国际社会体系中的一个国家，但该实体几乎没有能力履行一个国家最基本的职能。

如前所述，近年来出现了由和平基金会于2005年提出的"失败国家指数"一词，此后更名为"脆弱国家指数"，该基金会是一个非政府组织，总部设在华盛顿。2015年的指数根据一系列社会、政治和经济指标按照"非常高度警惕"到"非常可持续"的顺序对全球178个国家进行了排名，包括人口压力、群体不满、人权、法治、经济衰退、公共服务和国家合法性等方面。排名"非常高度警惕"的四个国家是南苏丹、索马里、中非共和国和苏丹，而排名"高度警惕"的是刚果民主共和国、乍得、也门、叙利亚、阿富汗、几内亚、海地、巴基斯坦、尼日利亚、象牙海岸和津巴布韦。指数的另一端是"非常可持续"，芬兰排名第178位，紧随其后的是瑞典、挪威、丹麦、卢森堡、瑞士、新西兰、冰岛、澳大利亚、爱尔兰、加拿大、奥地利、荷兰、德国和葡萄牙。美国排在第158位，在英国之后，英国排在第161位。在包括许多脆弱国家在内的非洲国家中，南非在"低警告"类别中排名第113位，但却不及博茨瓦纳的122位（Fund for Peace, 2015）。

失败或脆弱国家的概念提出了"国家能力"这一重要问题，自《世界发展报告：变化世界中的国家》（World Bank，1997）发表以来，这一术语越来越受到人们的关注。国家能力的概念与政治经济密切相关。我们将在下一章中探讨这些问题，但在这里我们必须指出，最薄弱的国家，即那些缺乏国家能力来满足从安全和基本的基础设施到医疗保健和教育等广泛的基本需求的国家，是最有可能失败和最容易遭受暴力的。当然，强大的国家不一定是"好"的国家。一些强大、资源充足的专制国家可能对其人民非常残酷。但是，作为能够为其成员提供合理生活质量的有效政体，国家显然需要有为集体的共同利益采取措施的能力。在关于分析国家能力或缺乏国家能力如何导致内战的研究中，有一项指出，强国经历内战的风险大大降低，如果发生内战，通过谈判达成解决方案的风险也大大降低。当然，内战倾向于削弱国家能力，但是这种隐含的反向因果关系并没有改变整体情况（Sobek, 2010, p. 267）。因此，强大的国家能力，包括管理一系列经济、社会和其他活动的有效政府，是国家内部乃至整个国际体系安全和稳定的一个主要因素。

与悲观和毁灭的方法相反，这种方法认为，由于脆弱国家崩溃的症状明显增加，国家体系和世界秩序只会面临越来越多的麻烦（Kaplan, 1994），其他人认为国家是一个具有显著生存能力的实体（Migdal, 1998）。正如我们在最后一章中看到的，后一种观点与另一个当代文学观点形成对比，这与之前谈到的失败国家的因果几乎没有关系，但它预测了国家在全球化无情力量作用下的衰落，有时是以一种令人欣喜的方式出现。

西部/非西部分界线

长期以来，根据某些地理、战略、经济和/或文化因素，有各种各样的划分世界的途径。除了区域化的动态所产生的划分，我们在上一章中已经注意到了"第三世界"这个类别。这个实体实际上与最近命名的"全球南方"同义，这必然与"全球北方"形成对比。这些类别又与国际体系中财富和贫困的分配相关联，我们将在第七章中进一步讨论这点。这里我们应该注意到，南北分裂几乎直接映射到世界政治的西方/非西方分歧。"西方"是常用的术语之一，但几乎从未被定义或分析过，而"非西方"实际上是与之相对应的范畴。由于这些类别在世界秩序的形象中被普遍地引用，我们至少应该在这里进行简短的讨论，首先从冷战期间出现的分歧开始。

两大冷战地缘战略实体当然是以北约为主要代表的西方联盟和由苏联和东欧大部分地区组成的东欧集团，它们共同组成了华沙条约来制衡北约。尽管大多数国家属于不结盟运动，但至少是出于同情，前殖民世界的许多国家非正式地与这些实体中的一个或另一个结盟。撇开这些矛盾不谈，我们早些时候看到，这个群体被称为第三世界，主要是因为它既不是"第一世界"（由西方联盟组成），也不是"第二世界"（由东方集团组成）。因此，

"三个世界"本质上是地缘战略，而不是文化、社会、经济或地理实体。今天，"第一世界"和"第二世界"这两个术语实际上已不复存在，而"第三世界"却坚持使用共同的语言，尽管是在发展而非地缘战略上的共鸣。

作为当代世界政治的一个范畴，西方保留着重要的地缘战略以及文化和经济意义。从地缘战略意义上来说，它仍指的是由北约成员国组成的"西方联盟"，该联盟（在冷战期间）包括西欧的大部分地区（即除瑞士外几乎所有非共产主义的欧洲国家），以及美国和加拿大。土耳其也是北约的长期成员，尽管从文化意义上来说，土耳其一般不被视为"西方"。大多数东欧国家，即前冷战时期东欧集团成员，在过去20年里加入了欧盟和北约，从而大大扩大了西方联盟。这一联盟还包括两个非常遥远的国家，即澳大利亚和新西兰，这两个国家作为西方成员的资格来源于它们的地缘战略联系及大部分源于欧洲的文化遗产，这反过来又反映在自由民主的政治机构、发达经济体和其他社会机构中。在西方，人们也可以识别出占主导地位的英美成分。如前所述，由英国、美国、加拿大、澳大利亚和新西兰组成的"英语圈"及其在世界政治中的文化影响力，这种文化影响力反映在英语成为"全球语言"的广泛程度上（Browning and Tonra，pp. 161–182）。

西方联盟的另一个成员是日本，日本长期以来在自己的地理区域占据着矛盾的位置。从地缘战略角度来看，它一直与美国紧密结盟，并且在冲绳建立了美国最大的海上军事基地之一。在2010年被中国超越之前，日本是仅次于美国的世界第二大经济体。日本国内的政治和工业情况也与西方保持一致。在文化上，事情并不简单。尽管从一系列文化属性上来看，日本显然是"亚洲人"，但鉴于其工业发展水平、教育和社会成就以及政治派别，日本在其他方面往往被描述为非常"西方化"。此外，自19世纪后半叶以来，日本国内的一些言论敦促日本"逃离亚洲"（纽约大学拿督），作为西方的一员在国际社会中占据一席之地（Iwabuchi，2002）。

"西方文明"一词指的是一个复杂的特征，其中许多与现代性现象相关，但在过去有着更深的渊源，如第二章所述。正如第四章所讨论的，西方以及各种非西方文明也是塞缪尔·亨廷顿确定的主要文明类别。"文明"

一词本身有着悠久而复杂的历史，通常被用来概括描述"高级"人类成就，而与诸如"原始"等术语相关的较低水平的成就形成对比。然而，从 19 世纪末开始，对文明的理解成为一个普遍的范畴，这是"西方"已经实现的，而许多其他社会却没有。因此，"西方文明"被认为是人类发展的最高点，以此为衡量，其他地区的人类通常会显得落后和不足。

此外，人们认为参与西方文明利益可得到广泛传播的"文明使命"是西方的"责任"，即使西方国家不愿意（Gong, 1984）。这些观点严重受到达尔文进化论误用的影响，为欧洲殖民主义提供了很多借口。然而，两次世界大战揭露了"西方"文明宏大思想体系中的一个重要问题，其中"野蛮"最为明显。但是从那以后，一个新的文明使命出现了吗？可以说，某些外交政策措施，包括欧盟和美国在民主方面的推动，确实体现了早期"使命"的某些特征。近年来，这一点特别适用于阿拉伯中东地区，在那里，寻求"文明"与促进民主直接相关，这导致了直接的军事干预，如伊拉克和利比亚。

从另一个层面来看，可以说"西方"的概念是建立在文化和其他方面都完全不同的实体同质化的基础之上的。对"东方文明"的引用可能会更加简单化。这可以追溯到更早的时期，当时除俄罗斯外，"东方"几乎等同于欧亚大陆欧洲部分陆地以东的所有地理位置。因此，东方涵盖了从土耳其到中国和日本的所有土地——这是一个在英语中被称为"东方"的广阔地区，可以与"西方"（欧洲）形成对比。同样，这些基本上是具有文化意义的地理术语。

我们早些时候看到，东方主义在国际关系后殖民主义的研究方法中是一个重要因素。西方/东方的鸿沟现在更普遍地表现在世界更广泛的西方/非西方分歧中。虽然这些术语往往很难避免，但我认为，轻易陷入西方/非西方的二分法有可能使许多问题过于简单化，尤其是在全球经济南北鸿沟叠加的情况下，财富与贫困、正义与非正义太容易与一类或另一类联系起来（Lawson, 2006, pp. 165–186）。尽管如此，从历史上看，我们当前世界秩序的形态在很大程度上是由"西方"决定的，我们不能否认与之相关的力量。然而，鉴于世界秩序确实会不断变化，而且没有一套特定的权力结构或配置会无限期地持续下去，未来的世界秩序几乎肯定会与我们今天熟悉的世界秩序大相径庭。

结论

其中许多背后，反映了一种明显的世界主义伦理。

尽管国际领域具有无政府性质，但存在着"世界秩序"这样的东西，还有一些运行良好的全球治理机构。这些主要是由20世纪的两次世界大战和一场旷日持久的冷战形成的，这场冷战导致了持续了将近五十年的战略两极秩序。在同一时期，非殖民化迅速发展，国家行为者在国际体系中显著扩大，事实上主权国家体系本身也在全球化。同样重要的是，非国家或跨国行为者大幅增加，全球公民社会和全球社会运动也得到加强。这背后隐藏着一个明确的规范主题，反映了一种明显的世界主义伦理。但是跨国犯罪组织和全球网络也蓬勃发展。其导致的问题并不局限于世界的任何特定地区，但它们给一些脆弱的国家带来一些很灾难性的后果，这些国家已经在疲于应对包括贫穷和缺乏国家能力在内的诸多问题。本章也谈到世界出现了西方和非西方的普遍分歧。这几乎直接映射到南北分界线上，这反过来反映了当代国际体系中财富和权力的分配或分配不均，这是我们接下来在国际政治经济背景下要探讨的话题之一。

扩展阅读

Archer, Clive (2015) *International Organizations* (Abingdon: Routledge).

Castells, Manuel (2015) *Networks of Outrage and Hope: Social Movements in the Internet Age* (Cambridge: Polity).

Kaldor, Mary (2003) *Global Civil Society: An Answer to War* (Cambridge: Polity).

Peters, Lawrence (2015) *The United Nations: History and Core Ideas* (New York: Palgrave Macmillan).

Yunker, James A. (2011) *The Idea of World Government: From Ancient Times to the Twenty-First Century* (Abingdon: Routledge).

思考问题

- 在无政府状态下，世界秩序存在的可能性有多大？
- 非政府组织和社会运动如何为"全球社会"做出贡献？
- 如何理解，我们现在生活在一个"区域世界"？
- 世界混乱的主要根源是什么？
- 世界政府这种形式是可能的还是可取的？

第七章　国际政治经济

经济问题一直存在于国际关系中，但直到20世纪70年代，国际关系学者才开始明确关注经济问题与国际政治的交叉关系。国际政治经济学（IPE）建立在政治经济领域的悠久历史及其对国家和市场关系的关注之上，这里提到的市场是指伴随着早期现代欧洲资本主义出现的市场。然而，政治经济学和国际政治经济学与经济学的区别在于其对权力的关注上："谁拥有权力？如何行使权力？为了什么目的？为了谁的利益？"（McGowan, Cornelissen and Nel, 2007, p. 68；另见 Strange, 1994）。该领域的发展特点是对规范的争论，这导致了理论和意识形态上的竞争。在这章，我们首先研究了出现在重商主义、自由主义和马克思主义中的资本主义和政治经济学理论，然后研究了第二次世界大战后机构的作用，包括国际货币基金组织、世界银行和世贸组织，以及经济合作与发展组织和各种经济集团，如八国集团和二十国集团，它们共同构成了当代全球经济结构的中心支柱。

我们还研究了南北差距和全球财富的分配及失衡。最后，我们讨论了全球资本主义危机受到的深刻影响，从大萧条时期到当代全球金融危机（GFC），一直以来长期存在于国家和市场之间合理关系的问题以及这种关系对社会所产生的影响。

资本主义的出现

尽管资本主义的元素可以追溯到更早的时代及世界各地，但这种现象通常与欧洲现代性的兴起有关。一位历史学家认为，目前的制度代表了已经持续了六个多世纪的商业企业与政府分化过程的最新阶段（Arrighi，1994，p. 85）。另一种观点认为，资本主义本身的出现和因欧洲探险而形成的"两半球相连"有关，并在 15 世纪末将欧洲、非洲和亚洲与美洲相连。有趣的是，明朝皇帝派遣的一支包括 200 艘船只和 2700 多名水手的大型中国探险队比欧洲大航海早了半个世纪（Appleby，2010，pp.7-8）。尽管当时中国的航海技术比欧洲更先进，但中国没有持续这项令人印象深刻的尝试，也没有引发工业革命或可能导致资本主义发展的经济方法的重大转变。这种转变首先发生在英国，然后传播到欧洲其他地区和北美地区，在那里，资本主义几乎成为了新兴美国的建国信条。

资本主义被定义为"一种以私人拥有土地、原材料和财产等资源为特征的经济体系"（Leone and Knauf，2015，p. 6）。其他人则普遍认为它已经演变成一种经济关系治理体系，不仅包括市场，还包括政治经济机构和当局（Scott，2009，pp. 1–2）。毫无疑问，这不仅发生在国家范围内，也发生在全球范围内。还应该注意到，资本主义的形式不止一种，所有形式都因时间和空间而异。一项针对当前时期的研究确定了以市场为基础的、社会民主的、中观社团主义的、欧洲大陆地区和地中海地区的多种形式，尽管这些形式取决于当前的情况，而且可能会发生变化（Dannreuther and Petit，2008，pp. 81-82）。历史上，资本主义的发展使资本与劳动分离，利润归资本所有者所有，因此他们是财富积累的主要受益者。财富的积累反过来又为投资提供了更多的资本，从而刺激了经济进一步增长。1929 年，一项名为国民生产总值，现在被称为国内生产总值（GDP）的统计指标被确立为某经济体所有支出的总和，由此，增长成为衡量经济成功的标准和追求的目标。此后，它成为衡量繁荣的一个主要指标，并推动世界各地的货币和财政政策的普遍发展（Stead and Stead，2009，p. 39）。

人们通常认为经济增长会给所有人带来确定无疑的好处。然而，这个假设正受到越来越严格的审视，尤其是在有关全球可用资源的限制和地球本身的"承载能力"的辩论背景下。这是对资本主义更普遍的长期批评的补充，这些批评认为，尽管资本主义确实是一种创造财富的制度，但它并没有公平地分配财富。肩负着"让世界摆脱贫困"使命的世界银行最近宣布了一项新的共同繁荣目标，这项目标不仅涉及经济增长，也涉及公平。为此，它引入了一个"共享繁荣指数"来跟踪贫富差距。但这一目标不是通过再分配政策（如向富人征税以再分配给穷人）实现的，而是通过经济增长增加"馅饼的尺寸"实现的（World Bank，2013）。

如前所述，工业生产的增加（经济增长的一个关键组成部分）和环境退化之间有着密切的联系。地球既提供经济生产所需的自然资源，也吸收排放由此产生的废物（Hess，2013，p. 314）。直到近期，环境污染的经济成本和环境在经济产品供给和废物吸收上的程度（也称为生态系统服务）都未划归到经济计算考虑的范畴。一项概述"人类世生活成本"的研究指出，直到1997年，生态系统服务的价值才被首次计算出来。当时，估值为16—54万亿美元，其中大部分在市场之外，其中全球国民生产总值为18万亿美元。除其他外，这凸显了将增长与否作为衡量经济成功与否的愚蠢之处（Gillings and Hagan Lawson，2014，p. 7）。

资本主义另一个备受关注的方面是，它的基本机制在某种程度上是自我调节的。正如我们要看到的那样，这隐含在古典自由政治经济的核心概念中，它是一只"看不见的手"指导市场动态以找到恰当的平衡力量，从而产生最大的经济效率。作为推论，社会和经济规划不仅仅是不必要的，而且也是不可取的，因为它干扰了被视为产生同样自然平衡的完全自然过程。从非马克思主义立场来看，对这一观点最严峻的挑战之一来自卡尔·波兰尼（1886—1964），他在首次发表于1944年的著作《大变革》中论述了民族国家内部全球资本主义和社会福利问题之间的冲突和矛盾（Block and Somers，1984，pp. 47-48）。在2008年全球金融危机之后，这仍然是一个至关重要的考虑因素。

国际政治经济学理论

与资本主义（或类似资本主义）相关的最早的经济理论是重商主义，和重商主义同时出现的是从1500年到1800年的早期全球化大潮，在此期间，欧洲势力渗透并扩展到全球贸易网络。重商主义政策的目的是促进

"国家"（不仅仅是个人或公司）财富的积累，这又被认为是国家或国家权力的直接衡量标准。这就需要积累大量的贵金属储备，并保持非常有利于出口而不是进口的贸易平衡。国家的经济财富不仅仅是目的，而是确保与其他国家相比拥有优越的财政和军事力量的一种手段。这方面的优势进一步增强了国家赞助海外经济活动的能力。因此，重商主义是殖民主义背后的驱动力，殖民主义不仅为大都市的制造业提供了自然资源，也为商品销售提供了新的市场。尤其是英国重商主义的逻辑和实践，也深深地牵连到美国南方盛行的奴隶制体系中（Williams，2011，pp.78-79）。更普遍地说，重商主义经常被视为将权力政治和经济以一种动态的共生关系结合在一起，使其成为现实主义国际关系的自然盟友。一种说法认为，重商主义是一个"使国家能够在内外力量面前树立权威的主要因素"（Cohn，2015，p. 19），尽管在当时它不可能被简化为一套连贯的经济和政治原则（Magnusson，2015，p. 9）。

重商主义也与保护主义和国家监管相关联，因此，与自由经济思想的发展形成鲜明对比，例如亚当·斯密（1723—1790）的著作。事实上，亚当·斯密对重商主义的批判为他自己的自由贸易理论提供了必要的基础，该理论载于1776年出版的《国富论》。一个重要主题是不受限制的个人私利在竞争的经济领域中的作用，特别是在自由市场动态方面，自由市场动态不是由深思熟虑的、有目的的政策引导的，而是由产生自律的无形之手引导的。因此，亚当·斯密经常被认为支持在经济领域采取彻底的自由放任（字面意思是"放任"）的做法，而政府只扮演最小的角色。但亚当·斯密的理论绝不是导致经济无政府状态的良方，在那种无政府状态中，无约束的个人仅追求自己的利益。除了国防和民事司法规定之外，亚当·斯密认为，国家必须在公共工程和机构上投资，而不能由私人出资，这对整个社会至关重要。这包括商业便利的基础设施，如道路、桥梁、运河和港口，以及他认为对个人和社会都有益的公共教育事业和卫生事业。在经济领域，亚当·斯密还支持利率、银行、货币、商业规则、税收，甚至对进口商品征收少量关税等方面的金融监管（Medema，2003）。亚当·斯密对政治经济目标的总结清楚地表明了个人利益和国家利益之间的平衡：

> 政治经济学……提出两个不同的目标；第一，为人民提供充足的收入或生计，或者更恰当地说，使他们能够为自己提供这种收入或生计；其次，向州或联邦政府提供足够的公共服务收入。它主张富民富国。（Smith，[1776] 2009，p. 248）

因此，亚当·斯密所提出的重商主义和古典自由主义理论都与国家的需求相适应，尽管方式和目的不同。重商主义思想具有强烈的民族主义色彩，而自由经济理论，如同更普遍的古典自由主义理论一样，将个人置于中心地位。即便如此，个人也完全处于社会之中。

继亚当·斯密之后，最著名的自由经济理论家包括大卫·李嘉图（1772—1823），他提出了国际贸易中的比较优势理论；另一位著名的理论家托马斯·马尔萨斯（1766—1834）提出了由于人口增长不受控制导致影响的悲观预测，正如他所说，"所有活跃生命中不断增长的趋势都超过了为其准备的营养"——当人口超过生存手段时，会导致人类遭受大规模饥荒（Malthus，[1798] 2007，pp. 5–6）。基于前人在政治经济学原理方面提出的理论，自由派学者约翰·斯图亚特·密尔（1806—1873）提出尽管分配定律在一定程度上受人类控制，但生产定律或多或少是通过自然规律来确定的。密尔大力提倡个人自由，包括经济和其他方面的自由，但他也以社会为导向，因为他坚信整个社会进步的必要性，政府在其中扮演着重要的角色（Mill，[1848] 1994）。20世纪自由政治经济中最著名的人物是约翰·梅纳德·凯恩斯（1883—1946）。他最重要的著作《就业、利息和货币的一般理论》是在大萧条时期之后问世的，该理论开创了一种打破传统的宏观经济的方法，特别是在自由放任政策方面。由于私人投资往往变化很大，总需求无法得到持续满足，进而导致就业波动。这就需要政府增加公共部门的支出来补充（而不是削弱）私营部门并保持经济稳定。因此，凯恩斯推动了一种"混合经济"，这种经济摆脱了经典的自由主义模式（见Ghosh对凯恩斯的介绍，[1936] 2006，pp.xlii-xliii）。

更普遍地说，凯恩斯不仅强调了资本主义产生周期性停滞和萧条并伴随着金融崩溃的趋势；他还提出了具体的政策建议，以抵消随之而来的不可避免的损失。因此，他主张改革资本主义，而不是用当时的社会主义作为替代方案（Minsky，2008，p.11）。凯恩斯的著作催生了一个重要的"后凯恩斯主义"政治经济学派，该学派继续挑战主流自由主义假设（Harcourt，2006），并对全球金融危机之后的辩论做出了很大贡献，正如我们随后看到的那样。

在过去一个世纪左右，重商主义已经出现过几次卷土重来的情况，尤其是在经济放缓的时候。例如，在20世纪80年代初，在世界贸易停滞了几年之后，人们看到情况有利于经济民族主义、孤立主义和保护主义，简而言之，是个体国家对不利的全球经济状况的"新重商主义"反应，这两者加在一起，实际上有可能加剧世界经济的收缩，并对多边体系构成威胁（Malmgren，1983，pp.190-191）。一些人认为，最近一次的全球金融危机为重商主义注入了新的活力，但同时阻碍了通过世贸组织多哈回合谈判建立基于规则的全球多边贸易体系所做的努力。多哈回合谈判旨在改革农业、关税和非关税壁垒三个主要方面。谈判始于2001年，谈判的部分目的至少是改善发展中国家的出口前景，但因2015年12月召开的来自160多个国家的世贸组织贸易部长会议未能同意继续谈判而以失败告终。一篇评论指出，改革的尝试陷入瘫痪，"因为无论是像美国和欧盟这样的发达经济体，还是像中国和印度这样的发展中国家，都不愿意也没有能力做出根本性的让步"（*New York Times*，2016）。因此，表面上的国家利益，或者是那些能够真正维护自身利益的强国再次占了上风。

与此同时，通过马克思和恩格斯的工作，在19世纪中期出现了另一种对政治经济具有高度影响力的方法。它是在明确反对资本主义及其所创造的世界的基础上制定的，它支持劳动人民，而不是资本所有者。我们在第三章中已经讨论了马克思主义理论及其一些分支。在这里，我们首先看一下马克思主义的历史唯物主义方法，它解释了人类的总体发展，尤其是资本主义是如何在全球范围内主导生产的。理解这一点的关键在于掌握生产方式是如何构成社会的中心动力和组织机制的，因此，这是社会变革的关键。马克思在1859年首次出版的《对政治经济学批判的贡献》序言中阐述了人们的物质条件在多大程度上制约了他们的整个生存方式:

> 在他们存在的社会生产中,人们不可避免地会建立一定的关系……独立于他们的意志,即生产关系适合于物质生产力量发展的特定阶段。这些生产关系的总和构成了社会经济结构,这是产生法律和政治上层建筑的真正基础,与此相对应的是明确的意识形态。物质生活的生产方式决定了社会、政治和智力生活的一般过程。不是人的意识决定了他们的存在,而是人的社会存在决定了他们的意识。(转载于 Howard and King,1985,p. 5)

认为生产方式"被独立于历史的永恒的自然法则所包围,这时资产阶级的关系就悄悄地被当作不可侵犯的自然规律偷偷地运进来,抽象的社会就是建立在这些法律之上的。"

马克思在其他著作里指出了一个由资本主义和自由政治经济捍卫者宣扬的谬论,该理论认为生产方式"被独立于历史的永恒自然法则支配,资产阶级关系随后悄悄地占领并成为抽象社会赖以建立的不可侵犯的自然法则"(Marx,[1861] 1973,p. 87)。这凸显了统治阶级对思想的"归化",进而对权力的"归化",葛兰西在霸权理论中进一步发展了这点,同时也淡化了马克思主义的唯物主义方面。这是一个在批判的思想政治教育中,特别是在罗伯特·W.考克斯(1981,pp. 127–128)的作品中被讨论和扩展的主题,他提出不要把世界当成我们发现的世界(暗示着它代表了既定的自然秩序),我们应该站在它的另一边,问问它是如何产生的,它是谁的特权,以及它会如何改变。以马内利·沃勒斯坦在他的世界体系方法中采用了类似的分析路线。沃勒斯坦提出了资本主义世界经济在存在如此明显不平等的报酬分配的情况下是如何维持的:"为什么被剥削的大多数人不推翻获得巨额利益的少数人呢?"不仅仅是因为军事力量掌握在统治集团手里,也是因为对整个系统普遍的意识形态的认同,故大众认为他们的幸福取决于此(Wallerstein,2006,p. 244)。同样,这与葛兰西的霸权主义思想产生了强烈的共鸣。

也许马克思主义对当代资本主义的批判最突出的一点在于它对系统性危机的预言，这些危机来自资本主义固有的矛盾。尽管马克思认为资本主义不会长期经受住这些危机，但危机的内在趋势这一概念很有道理。马克思没有发展出成熟的危机理论，但是随后马克思政治经济学的发展使它既成为马克思主义传统的一个核心组成部分，又成为经济"繁荣与萧条"的明显趋势的重要部分。批判性政治经济学家萨米尔·阿明认为，资本主义助长的不平等及其产生的扭曲的消费模式破坏了其自身的扩张和一体化的可能性，因此，当面临自身矛盾的后果时，它能达到的最佳效果是危机管理（Amin，1998）。然而，资本主义的捍卫者们普遍坚持认为，这一体系是自我修正的，因此会在一段时间内保持平衡，并且在整个体系完全不会受到质疑的前提下，针对每一次危机都可以找出某个特定的原因（Clarke，1991）。资本主义的支持者当然也可以指出苏联和东欧共产主义的崩溃，这说明了专制政治体制下中央计划经济的严重缺陷。然而，纯粹资本主义的批评者可以反过来指出斯堪的纳维亚社会民主的相对历史成就，这些成就不仅促进了经济自由，也促进了经济平等，并且一直位居生活水平和其他指数排名的前列。

全球经济治理机构

尽管从严格意义上来说，全球经济几乎无法治理，但仍然有强大的全球经济治理机构对其进行监管和治理，并为全球经济体系注入多边主义的要素。随着第二次世界大战即将结束，1944年7月在新罕布什尔州布雷顿森林举行的一次会议上，来自44个国家的代表出席了会议，会议制订了一项计划来克服困扰20世纪30年代国际经济的一些问题，特别是大萧条、"黄金标准"的崩溃和重商主义战略的推行。一个重要的目标是建立了一个稳定的汇率机制，尽管是在一个有相对灵活性的框架内。这种情况一直持续到1973年，当时大多数主要货币都转向浮动汇率。尽管布雷顿森林体系经常被认为是在那时走向崩溃的，但我们仍然生活在"布雷顿森林秩序"

之下（Andrews，2008，pp. 3-4）。

当然，三大布雷顿森林监管机构仍然是全球经济的关键角色：国际货币基金组织（IMF）、世界银行和1947年签署的关税及贸易总协定（GATT）。三大机构的最后一位是一个替代国际贸易组织的临时机构。然而，当这项提案提交给美国国会批准时，美国的视线已经从国际机构转移开。其他国家已经准备好签约，但是没有世界最主要经济体的参与是毫无意义的（Raffer and Singer，2001，p. 5），直到1995年才建立了世贸组织。一开始，它被称赞为国际贸易提供了一个本应早该建立的、永久的法律和体制基础，世贸组织是一个可靠的合同框架，在该框架内各国可以制定本国内的贸易政策，并提供了一个可以发展国家间贸易关系的平台（Wilkinson，2000，p. 55）。然而，正如多哈回合的失败所证明的那样，它还有很长的路要走。

支撑布雷顿森林秩序的原始思想受到卡尔·波兰尼的作品以及凯恩斯主义的影响。凯恩斯亲自率领英国代表团出席了1944年的会议。在美国，富兰克林·罗斯福总统的"新政"已经导致了为促进就业、经济活动，以及新的金融监管机制而开展的公共事业开支大幅增加。这些措施是在1929年10月29日纽约证券交易所崩溃后所采取的，这天普遍被认为是大萧条的开始。一位作家说，尽管仍有人强烈地反对，但公共事业革命有助于证明国家在美国生活中所扮演的新角色的合理性，并有效地使凯恩斯主义经济管理合法化（Smith，2006，p. 3）。

战后时期，干预和监管被认为是国内外经济治理结构的基础。这也标志着人们对国家在社会中的媒介作用——市场关系——的看法发生了转变，这反过来又促成了"嵌入式自由主义"，它是一种多边主义形式。在这种形式中，"资本主义国家学会了将市场效率与市场自身生存和繁荣所需的社会共同体价值观进行协调"（Ruggie，1982，p. 400；另见 Ruggie，2008，p. 231）。这标志着一种从纯粹的自我调节市场的观念转变，用波兰尼的话说，这意味着一个"让社会服从抽象经济逻辑"的计划（Cox with Sinclair，1996，p. 31）。

然而，从20世纪70年代开始，意识形态明显转向了"新自由主义"。

新自由主义转向的关键因素是由弗里德里希·冯·哈耶克（1899—1992）提出的，他对中央计划的反感导致他认为几乎所有形式的监管和干预都是"社会主义"，这种说法在美国保守的共和党人中引起了强烈共鸣。相反，他提倡"自发秩序"的理念，这种理念从社会和经济力量中"自然"产生，因此产生了最大可能的平衡，这与抑制经济领域的政府所形成的人为秩序形成对比，政府的作用应该保持在与自由社会相容的最低限度（Angner，2007，p. 14）。继哈耶克之后，20 世纪 60 年代后新自由主义盛行时期最著名的人物是米尔顿·弗里德曼（1912—2006），他与哈耶克有着共同的立场——收回国家干预，让经济的力量找到他们"自然"的方式。

在政治领域，新自由主义思想受到玛格丽特·撒切尔（1979 年至 1990 年任英国首相）和罗纳德·里根（1981 年至 1989 年任美国总统）的大力支持，并通过私有化和放松管制等方案推行，这些方案的目的是不仅在本国，而且通过全球经济治理机构来降低政府的权力和作用。尤其是人们认为国际货币基金组织、世界银行和世贸组织反映了新自由主义意识形态的优势，其"特征向量"是"自由化、私有化、最大限度地减少经济监管、削减福利、削减公共产品支出、加强财政纪律、［和］有利于资本自由流动、严格控制有组织的劳动力、减税和无限制的货币汇回"（Falk，1999，p. 2）。这些发展开创了一个 20 多年的实验，在这个实验中，新自由主义补救措施加深了发达国家和发展中国家之间的不平等，我们接下来即将讨论这一点。然而，尽管新自由主义思想似乎要求减少国家权力和政府干预，但它们可能更准确地被视为以有利于资本利益而非其他利益的方式重新配置国家权力。

全球经济中的其他重要行为者是某些国家集团，在过去 50 年里，这些国家集团的会议一直基于非正式的、临时的基础上。一位消息人士称，这些团体是在许多布雷顿森林机构在改革和领导问题上陷入僵局的时候产生的，并形成了某种稳定性（Alexandroff and Cooper，2010，pp. 295–296）。1974 年，美国邀请英国、西德、法国和日本的高级财务官员参加了一次经济论坛，讨论 1973 年"石油危机"后共同关心的问题；随后，一个早期集团——G5 应运而生。这发生在阿拉伯石油输出国组织（OAPEC，现称

OPEC）宣布禁止向美国及其西欧和日本盟友出口石油之后，作为对阿以冲突的政治回应。尽管封锁时间不长，但石油价格大幅上涨，给一些在工业和基础设施上高度依赖石油的国家带来了一系列经济和社会问题。这导致了战后的第一次大萧条。为了解决主要工业化经济体持续关注的问题，法国邀请同一集团的其他国家以及意大利参加一年后的峰会，继而建立了六国集团。加拿大于1976年加入，成为七国集团，随后俄罗斯于1998年加入，成为八国集团，16年后，由于俄罗斯在2014年吞并克里米亚导致其成员国地位被取消，重回七国集团。与此同时，从2005年起，会议邀请了另外五个国家作为"客人"，包括中国、印度、墨西哥、巴西和南非，从而形成了G-8+5模式（但现在是G-7+5）。这反映了北大西洋地区之外正在发生着的重大经济增长。即便如此，一些人认为该机构是不合时宜的，因为它没有"反映印度、巴西、中国、韩国和墨西哥等庞大新兴经济体的观点，其中一些国家的GDP已经超过了G8成员"（Laub，2014）。

成立于1999年的20国集团是一个更具包容性的组织，主要是由财政部长和中央银行行长出席会议，参会国除了G7+5的国家之外，还包括阿根廷、澳大利亚、印度尼西亚、俄罗斯、沙特阿拉伯、南非、韩国、土耳其和欧盟。未出席的有国际货币基金组织总裁和世界银行行长。20国集团认为自己聚集了所有区域的重要工业和新兴市场国家，并指出其成员国约占全球国民生产总值的90%、世界贸易的80%和世界人口的三分之二。此外，该集团称它的经济影响力和广泛的成员赋予了该集团"对全球经济和金融体系进行管理的高度合法性和影响力"，至少在它自己看来是如此（Wade and Vestergaard，2010）。

自1999年以来，20国集团表示，它一直致力于促进经济增长、金融系统完整性、税务信息交流、财政政策透明度标准化、打击资助恐怖主义的措施，以及自2008年GFC成立以来，国际金融机构在扩张性宏观经济政策、金融监管和改善预防性贷款设施等事项上的协调。它还寻求与其他主要国际机构、组织和论坛协办活动。这是官方路线，当然，自我批评通常不是这类组织的特征。事实上，这些团体的当务之急是在年度会议结束后马上召开庆功会。另一方面，对于"172国集团"（不是20国集团成员而是联合国成员的国家）来说，可以说它不过是一个自我任命的机构，没有什么合法性或权威来承担其目前的角色。一群非政府组织、信仰团体、工会和学生会在"让贫困成为历史"的旗帜下发表声明说，加拿大主办的 2010 年八国集团首脑会议"没有证据证明其存在或产生了主办费用"（Make Povery History Campaign，2010）。2014 年在布里斯班举行的 20 国集团会议后也发表了类似的评论，该会议耗资约 4 亿美元（Craw，2014）。如同其他全球治理机构一样，它的会议已经成为第六章讨论的全球抗议运动的目标。然而，情况并非如此，我们很快就会看到最大但可能是最低效的集团——77 国集团。

另一个代表主要经济体的机构是经济合作与发展组织（OECD），最初成立时为欧洲经济合作组织（OEEC），其目的是通过"马歇尔计划"管理欧洲的重建援助。1961 年，该组织正式变为机构，负责收集经济和社会数据，监测趋势，分析各领域经济发展和社会变化，其中包括贸易、农业、技术、税收和环境。其成员往往与 20 国集团重叠，但 34 个成员现在几乎包括所有较小的发达经济体，如奥地利、比利时、智利、捷克共和国、丹麦、爱沙尼亚、芬兰、希腊、匈牙利、冰岛、爱尔兰、以色列、葡萄牙、卢森堡、新西兰、挪威、波兰、斯洛伐克共和国、斯洛文尼亚、瑞典和瑞士。它向其他重要的经济增长国家，特别是巴西、中国、印度、印度尼西亚和南非提供了"入场券"，并向俄罗斯、哥伦比亚、拉脱维亚、立陶宛和哥斯达黎加提供了加入的"路线图"（OECD，2016）。

另一个值得一提的集团是包括巴西、俄罗斯、印度、中国和南非在内的"金砖国家"（BRICS），该集团自 2009 年以来一直举办年度峰会，希望建立一些金融机构（如新开发银行）和独立于其他主要大国的政策。所有成员都是 G20 国成员，但作为除西方以外（包括日本）最重要的经济主体，举办一个独立的论坛来促进各成员国的利益显然是有价值的。其他一些国家也表示有兴趣加入，包括阿根廷、土耳其、印度尼西亚、孟加拉国，甚至希腊，尽管希腊可能是意料之中，因其经济上有困难。未来的问题包括该集团将如何作为对西方/美国霸权的挑战发挥作用，除了共同的经济利益以及挑战现状的愿望，是否有什么东西能将它们真正地团结在一起（Kingah and Quilliconi，2016，p. 2）。

财富、贫困和南北分裂

经济学家、政治科学家和其他学者在许多事情上意见不一，但是没有人会对全球财富和资源分配极不平衡的说法提出严重质疑。从积极的一面来看，世界银行的数据显示，过去几十年全球贫困有所减少。尽管如此，统计数字仍然令人震惊：

- 据估计，2012 年全球有 12.7% 的人每天生活在 1.90 美元以下，低于 1990 年的 37% 和 1981 年的 44%。
- 这意味着，2012 年有 8.96 亿人每天生活费不到 1.9 美元，而 1990 年这个数字为 19.5 亿人，1981 年为 19.9 亿人。
- 在贫穷程度较高的地方脱贫进展较慢。与 1990 年的 29 亿人相比，2012 年，发展中国家有超过 21 亿人每天的生活费不到 3.10 美元，因此，尽管生活在这一门槛下的人口比例几乎减半，从 1990 年的 66% 降至 2012 年的 35%，但仍有太多的人处于贫困中。
- 过去三十年来，赤贫人口减少的主要原因是中国。1981 年至 2011 年间，有 7.53 亿人跨过了每天 1.90 美元的门槛。在同一时期，整个发展中国家的贫困人口减少了 11 亿人。
- 2012 年，超过 77.8% 的极端贫困人口生活在南亚（3.09 亿人）和撒哈拉以南的非洲（3.887 亿人）。此外，有 1.47 亿人生活在东亚和太平洋地区。
- 不到 4400 万极端贫困者生活在拉丁美洲和加勒比地区以及东欧和中亚地区。（World Bank，2015）

根据不同的标准，各国的财富和贫困程度可能会排名不同，有些国家严格按照经济指标排名，如按购买力平价除以人口而得出的国内生产总值，或与人类发展需求相关的一系列不同指数。使用第一种方法,并通过 IMF 收集数据,中国排名第一,其次是美国、印度、日本、德国、俄罗斯、巴西、印度尼西亚、法国和英国(*Statistics Times*,2015)。联合国开发计划署(UNDP)通过其年度人类发展报告编制的另一个排名使用了一套更广泛的衡量标准,除了国内生产总值,还包括寿命、一般健康状况和以成人识字率和教育入学率为标准衡量的获得知识的机会。综合起来,这些类别形成了一个人类发展指数,该指数反映了总体上世界人口的相对福祉和生活机会,也受到居住地因素的影响。

在 2015 年的报告中,排名前五位的国家是挪威、澳大利亚、瑞士、丹麦和荷兰。排名最高的非西方国家和地区分别是新加坡和中国香港,分别为第 11 位和第 12 位,韩国为第 17 位,日本为第 20 位。美国排名第 8 位,英国排名第 14 位。最贫穷的 17 个国家都在非洲撒哈拉以南(UNDP,2015,pp.38–39)。

无论采用哪种衡量标准,非洲撒哈拉以南的人民似乎在各项人类基本需求中都排名最低。该地区缺乏粮食、水、住房、保健、教育和基础设施方面的资源,在许多地方由于暴力冲突和治理不善而变得更加严重。讽刺的是,"缺乏资源"通常并不意味着缺乏矿产资源。至少自 20 世纪 80 年代末以来,许多观察家认可了这一观点,即某些丰富的自然资源实际上"增加了各国遭受负面经济、政治和社会后果的可能性,包括经济表现不佳、民主程度低和内战",从而形成了"资源诅咒"的说法。然而,政治和社会变量显然是自然资源财富和发展成果之间关系的媒介(同上)。在联合国人类发展指数中,澳大利亚仅次于石油丰富的挪威,矿产财富是澳大利亚经济成功和较高生活水平的一个主要因素。

世界上大多数最贫穷的国家也是世界上一些最富有国家的前殖民地,这意味着后者应承担一定程度的责任。然而,除了直接的殖民联系之外,全球公正分配的一个明确规范性原则在几乎所有围绕南北鸿沟的论述中都是显而易见的。这意味着挪威、瑞典、芬兰、瑞士和其他一些几乎没有参与现代殖民的国家,仍然被认为有义务解决全球不平等问题。事实上,以净援助占国内生产总值百分比为衡量标准,瑞典、卢森堡、挪威和丹麦在

2014年排名前四位，而英国排名第五位。此外，他们的百分比分别为1.10、1.07、0.99和0.85，远远高于联合国为富裕工业化国家建议的0.7的贡献目标。虽然是美元最多的持有者，但美国仅贡献了国内生产总值的0.19%（OECD，2014）。联合国制定的0.7这个数字来自于1970年联合国大会通过的一项（不具约束力的）建议，当时联合国正在努力寻找实施发展战略和目标的方法和措施。一种批评是，0.7的目标仅仅是"一个基于一系列过时假设的武断数字，这些假设建立在一个可疑的模型上，并用错误的标准来衡量"，而且它实际上"没有告诉我们穷国真正的财政需求"（Clemens and Moss，2005，p. 18）。尽管如此，这个数字仍然是一个常用的指标，用于表明富裕国家应该努力实现什么样的目标，并与实际情况进行衡量和比较。

从20世纪50年代开始，在全球南方——或更广为人知的第三世界——展开的后殖民主义活动出现了几项倡议。我们先前注意到1955年不结盟运动成立，该组织继续就一系列问题开展运动。1964年6月，在新成立的联合国贸易和发展委员会（UNCTAD）的主持下，专门代表第三世界国家的77国集团成立，其目的是推动"一个新的公正的世界经济秩序"（O'Connor，2006，p. 199）。贸发会议本身就是一个论坛，越来越多的新独立但相对贫穷的联合国成员国可以在这个论坛上对富裕国家施加一些道德压力。77国集团的名称反映了创始国的最初数量，但并没有随后来的成员数量增长而改变：它现在有134个成员。它每年举行一次部长级会议，大约每五年举行一次首脑级会议，最初始于2000年，最近一次首脑级会议是2014年纪念该集团成立50周年的特别首脑会议（Khor，2014）。

与此同时，自1973年石油输出国组织（OPEC）引发石油危机之后，随着国际经济新秩序（NIEO）的出现，引发了一些针对世界贸易需要进行重大改革的呼吁，这些声明希望为第三世界国家带来了更好的机遇，但结果却令人失望。除了高昂的石油成本、上升的利率之外，贸易方面的劣势仍然存在，加上无力的政治谈判能力，导致了第三世界的债务增加。随着贫富差距的持续扩大，勃兰特委员会于1977年成立，该委员会发表了一份题为《南北：生存计划》的详尽报告，该报告认为，南方走上实质性发展成果的轨道符合北方的利益，包括安全利益（ICIDI，1980）。然而，罗纳德·里根在玛格丽特·撒切尔的支持下，向第三世界领导人讲授了新自由主义经济政策的优点，从而破坏了执行其建议的努力。撒切尔补充说，贫穷、债务、饥饿和其他第三世界疾病不会通过错误的国际干预来解决，而是通过放开企业和贸易以及打破所有形式的社会主义来解决（引于 Taylor，2003，p. 410）。在 20 世纪 80 年代的发展中，世界银行和货币基金组织对第三世界国家施加了巨大压力，要求它们采取通常称为结构调整方案的新自由主义措施，包括国家资源私有化、放松管制、贸易自由化、限制公共开支和一系列其他紧缩措施。贷款的条件是各国须执行这些措施。

总的来说，这些方案并没有提高经济效益，更不用说减轻贫困了。如果有的话，政府在卫生、教育和基础设施等领域提供公共服务的能力会进一步受到损害。1989 年，在联合国发布的一份报告中显示，在 20 世纪 80 年代，曾大力实施结构调整方案的非洲国家的经济增长率远低于那些没有实施该方案的国家（Abouharb and Cingranelli，2007，p. 16；另见 Barratt Brown，1995）。二十多年后，世界银行和国际货币基金组织最终放弃了结构调整方案，转而在综合发展框架（CDF）内实施减贫政策，该框架"强调发展的各个方面的相互依存性：社会、结构、人、治理、环境、经济和金融"。另一个目的是纠正曾在受影响的国家执行的方案所存在的历史缺陷，这些方案的执行没有得到太多重视和支持（World Bank，2007，p. 52）。然而，新自由主义意识形态仍然方兴未艾，人们的注意力更多地集中在私营部门，而不是建设国家能力上。事实上，一些经历主权债务危机的欧洲国家也受到结构调整政策的影响，尽管出于官方目的，这些政策被命名为经济调整方案（Greer，2013，p. 1）。

到目前为止，缩短南北鸿沟似乎还是遥遥无期，特别是在非洲撒哈拉以南的大部分地区。尽管如此，该地区的一些国家做得相对不错，包括南非、博茨瓦纳和加纳。这些国家现在都是民主国家，这表明发展和民主之间存在着联系，而不是发展和新自由主义经济学之间存在联系。在世界其他地区，贫穷和匮乏往往与冲突和薄弱的治理并存，当前的一个主要例子是巴基斯坦。印度虽然没有冲突，也没有巴基斯坦那样的问题，但在 2009

年人类发展指数中印度排在第 130 位，仅略高于排在第 147 位的巴基斯坦，同时世界上三分之一最贫穷的人口也在印度。由于印度近年来经济的大幅增长，过去十年来平均 GDP 增长了约 8%，那么问题出现了：这种增长带来的利益是如何分配的？一位消息人士指出，位居前 10% 的人口拥有 53% 的财富，而后 50% 的人口仅拥有 8% 的财富（BBC News，2007）。

此外，数据显示，在印度，被定义为资产至少 100 万美元（不包括家庭住宅）的"高净值人群"的数量一直在稳步增长。2015 年的一份报告指出，在过去的一年里，这个群体的人数增长了 15%，同时印度拥有超高净值家庭的数量排在第四位（价值 3000 万美元或以上的家庭）（Dave，2015）。另一份报告指出，到 2010 年，孟买每平方英里百万富翁的数量已超过曼哈顿，但在孟买也有亚洲最大的贫民窟（National Geographic，2010）。

总而言之，全球财富分配存在巨大的不平衡，这对出生在特定地方和特定社会经济群体的人的生存机会有着巨大影响。我们在前面几节中也注意到妇女承受的额外负担，因此也要考虑到有重要意义的性别因素。显然，计算出能说明这些问题的统计数据并不难，难的是找到解决这些问题的办法。为了解决这些问题，世界银行和国际货币基金组织试图实施新自由主义政策，但并没有成功，而且很可能会让事情变得更糟。增加北方富裕国家向南方国家的救助可能是一种解决办法，但它并不能解决所有问题，尤其是如果贸易条件没有同时得到解决。此外，正如我们在印度看到的那样，事实上南方国家很富有，但财富分配非常不均。治理不善、腐败和暴力冲突都是导致世界不同地区持续贫困和不发达的众多原因。这表明，为了更好地实现全球社会公平正义，需要采取国家行动和国际行动。

全球金融体系中的危机

人们无须认同对马克思主义的批评就能认识到资本主义世界的经济经历了周期性危机，其中 2008 年的全球金融危机只是最近发生的一次。在专业领域内，这种危机被称为"严重的商业周期"，并以能使经济收缩和扩张的波动性的宏观经济变量来定义。当连续两个季度出现经济负增长时，就会出现衰退，它是对就业、投资回报和一般经济活动产生严重影响的因素。从历史上看，始于1929年的"大萧条"（尽管过去十年左右出现的因素导致了"大萧条"的开始和严重程度）仍然是市场上前所未有的从高峰跌入谷底的最壮观的一次。一位历史学家说，即使在大约80年后，专家们仍未就其确切原因达成共识，尽管"大萧条的严重程度、普遍程度和持续时间证明了经济有自我恢复能力的论点"（Appleby，2010，pp. 274，277）。

"大萧条"一直持续到20世纪30年代，甚至在某些方面一直持续到第二次世界大战初期，当时大多数主要经济体转向军工生产。在这里，我们应该注意到20世纪30年代的经济萧条与德国和日本极端民族主义的滋生发展之间的联系（Pauly，2008，p. 242）。战后，重建和其他因素促进了工业化国家长期的经济增长，并一直持续到20世纪70年代初，石油冲击和盈利危机后出现了经济衰退。与此同时，布雷顿森林汇率机制在经历了一段时间的紧张之后崩溃了。一场被称为"熊市"的长期股市低迷开始了。其后未来十年左右的主要发展包括1979年发生的加剧通货膨胀压力和利率上升的第二次油价震荡。

1982年，发展中国家出现了债务危机，当时墨西哥宣布无法偿还由于过去十年世界经济发展而急剧上升的债务。许多发展中国家，特别是拉丁美洲的发展中国家，向一些愿意向富裕的产油国提供大量资金的西方贷款者大量借款。但是更高的利率、资本外逃和对美元汇率的下降使得债务猛增。由于墨西哥和其他发展中国家的贷款集中在美国几家大银行，这场危机有可能导致银行业的严重崩溃（Cohn，2015，p. 354）。世界银行和货币基金组织的干预和债务重组是缓解危机的措施之一，也是上文讨论过的结构性调整措施。直到20世纪90年代初，危机才得以缓解，即便如此，许多国家仍然负债累累。

接下来的一次重大危机发生在1997—1999年期间的东亚地区，也蔓延到俄罗斯、南非和巴西，并普遍影响全球资本市场。泰国政府在某些金融问题的重压下，决定停止泰铢与美元挂钩，从而引发了这场危机。当投资者撤出区域货币市场时，浮动的泰铢几乎同时大幅下挫，进而引发恐慌反应。马来西亚、印度尼西亚、韩国和菲律宾受到的打击尤其严重，日本陷入严重衰退。一项分析指出，这场危机之所以引人注目是出于几个原因，但主要是因为它打击了世界上增长最快的经济体。尽管某些人在亚洲地区内部寻找罪魁祸首——从银行管理和公司治理可能存在的漏洞寻求答案，或者在事实中寻求答案——受影响的国家里，国家在资本主义管理方面起到了重要的作用，但这场危机可能被更准确地解读为"国际资本市场的缺陷及其易受市场信心突然逆转影响的证据"（Radelet and Sachs，2000，pp. 105–106）。

然而，亚洲经济的反弹几乎和崩盘一样引人注目，不久之后，亚洲再次创造了令人印象深刻的增长数据。与许多邻国相比，由于受到金融危机的影响较小，中国在所有亚洲国家中取得了最辉煌的成绩，不仅创造了令人惊叹的年增长率而且引发了对"亚太世纪"前景的新一轮猜想，在未来几十年中，经济实力将不可动摇地转移到亚洲地区。一篇针对从亚洲危机中"吸取教训"的评论文对近期发生的全球金融危机发表了评论：

> 首先，从危机中迅速复苏是自满的表现。由于那些经历过危机的人们对危机严重性的认识逐步减弱及长期解决办法所带来的激励作用的减弱，人们会很快遗忘之前所吸取的教训。但尤其是，如果全球复苏以目前强劲的速度持续几年，世界某些地区会出现和之前类似的资本流动不稳定及繁荣 – 萧条周期现象。（Culpeper，2001，pp. 149–150）

不到七年后，大萧条以来最严重的金融危机开始出现苗头。最直接的原因通常可以追溯到美国"次级"抵押贷款市场存在的严重问题，这个问题是在鼓励那些信用风险差的人在过热的房产市场买房后出现的，这种做法被称为"掠夺性贷款"。当利率上升时，这些人无法偿还贷款，银行要求执行取消抵押品赎回权，这反过来又使房地产泡沫破裂。银行发现自己的资产大幅贬值，而许多房主发现自己处于负资产状态。支持次级抵押贷款的金融产品监管不善，这些产品允许高风险贷款获得短期收益。这些因素以及其他因素导致了金融机构的失败和大规模政府救助。流动性危机引发了一场"信贷紧缩",企业和住房的贷款变得越来越稀缺。失业和总体经济收缩随之而来。到 2010 年年中,美国国债已突破 13 万亿美元,预计年内将超过当年的 GDP,这会导致"债务超级周期"(Bloomberg,2010)。"大衰退"已势不可当。

这场危机的影响遍及世界各地,使那些非常依赖美国银行和高风险贷款计划政策的经济体濒临崩溃——冰岛就是一个典型的例子,冰岛的三大银行都倒闭了,并带走了来自其他欧洲国家的大量投资。到 2010 年,一场大规模欧洲主权债务危机已经出现,尤其波及希腊、葡萄牙、西班牙、意大利和爱尔兰。大多数欧洲经济体举步维艰,公共开支的缩减尤其对较底层的社会经济群体造成了影响。正是在这种背景下实施了前面提到过的经济调整方案。

和其他国家出现的危机相比,人们更加关注希腊债务危机,主要是因为其左翼政府试图收回由国际货币基金组织、欧洲中央银行和欧盟实施的一系列新自由主义紧缩措施,这反过来又促使希腊几乎退出欧元区('Grexit')。由于其巨额债务,希腊成为了欧元区最严重的金融危机案例,希腊一直隐瞒其债务问题,直到 2010 年,希腊已无法掩盖其面临的无数问题。在 2010 年至 2015 年间,希腊收到的三个救助方案主要用于支付该国已有的国际贷款以防止破产。与大多数援助计划一样,这些方案也有附加条件。这些附加条件基本上包括减少政府开支(这实际上意味着减少卫生、教育、养老金等公共服务),同时通过新的或增加的税收提高政府收入,并防止似乎猖獗的避税行为。希腊在不顾一切地试图逃避其欧洲金融机构提出的条件以减少紧缩措施的影响之后,才接受了第三次救助,其中包括就业率攀升至 25% 左右(ABC,2015)。到 2016 年初,希腊的财政问题几乎没有任何缓解的迹象,同时还要应付大量进入的叙利亚难民,这些难民主要来自土耳其。

回到国际金融危机更普遍的影响,全球南方的大多数国家看到许多部门的增长大幅下滑,对穷人造成同样的后果,这一点也不奇怪。唯一摆脱衰退的现代工业经济体是澳大利亚。这是由几个因素造成的,包括持续强劲的商品出口（尤其是对中国的出口）、在基础设施方面增加公共支出的国内一揽子刺激计划（凯恩斯战略），以及从一开始就更为严格的国内金融管理制度，这使银行无法参与风险贷款战略。

回顾全球金融危机，我们必须把引发全球金融危机的美国次贷危机看成症状，而不是根本原因。一位分析师指出，大萧条之后，"人们几乎普遍认为，不受监管的金融市场本质上是不稳定的，容易被内部人士欺诈和操纵"。结果，美国政府建立了一个严格的金融监管制度，该制度一直持续到 20 世纪 70 年代和 80 年代，那时意识形态发生了转变，出现了激进的放松管制并转向所谓的"新金融架构"（NFA），该架构实行非常宽松的管控，这是新自由主义意识形态的直接结果。这些发展刺激了繁荣和萧条周期。事实上，政府的救助使新的扩张开始，从而启动了一个新的周期（Crotty, 2009, pp. 563–564；另见 Castree, 2010）。

有趣的是，这种救助实际上与自我纠正系统的新自由主义理念背道而驰。历史的教训表明，资本主义不是自我调节的，至少从下面这个角度来说不是自我调节的——商业周期在有限的参数范围内"自然"发生，并且金融机构和市场有权处理其相关事务。显然，这只看不见的手可以非常笨拙地操作。这进一步表明，国家和市场之间的关系以及国家对市场的监管仍是国际政治经济学研究的一个重点。

结论

经济学几乎不能脱离同政治、社会和权力动态的研究，这适用于相互交织的国内和国际领域。从大萧条到大衰退的发展也表明，将政治和社会置于经济逻辑之下是一种固有的危险，这种逻辑要求资本主义内部存在某种自然的平衡，进而带来可能的最佳平衡。正如所有声称能够反映某种"自然"过程以寻求其更大合法性的意识形态一样，最好谨慎对待。尽管全球金融危机强调了这一逻辑的弱点，但新自由主义仍然是一种强大的意识形态，尤其是在美国。关于发展，第二次世界大战结束以来全球南方的经验非常有力地表明，基于这一逻辑的结构调整方案只会加剧现有的问题，使为争取发展的斗争倒退十年或更久。此外，在那些经历了大幅经济增长的国家，如印度，财富分配严重失衡，使数百万人仍然深陷贫困之中。所有这些考虑都提出了一个问题，即国家在调解社会需求和经济动态方面应该扮演什么样的角色。

扩展阅读

Broome, André (2014) *Issues and Actors in the Global Political Economy* (Houndmills: Palgrave Macmillan).

Davies, William (2014) *The Limits of Neoliberalism: Authority, Sovereignty and the Logic of Competition* (London: Sage).

Drezner, Daniel W. (2014) *The System Worked: How the World Stopped Another Great Depression* (Oxford: Oxford University Press).

Medema, Steven G. and Warren J. Samuels (eds) (2013) *The History of Economic Thought: A Reader* (2nd edn, Abingdon: Routledge).

Ravenhill, John (ed.) (2014) *Global Political Economy* (4th edn, Oxford: Oxford University Press).

思考问题

- 重商主义者和自由经济思想的主要区别是什么？
- 全球经济体系的不平等是如何存续的？
- 结构或经济调整方案的关键要素是什么？
- 资本主义的自我调节机制程度如何？
- 全球经济未来危机的前景如何？

第八章　全球化世界下的国际关系

有些假设认为在世界政治的组织和实施方式中占中心地位的是主权国家体系，而国际关系学科就是建立在这些关键假设的基础上。然而，将现代世界政治结构描述为围绕国家体系却是另一回事。而事情从规范的意义上说该如何发展也同样是另外一回事。近年来，一些国际关系的替代方法对主权国家和国家体系构成了极大的挑战。这些挑战体现在对国家中心主义的批判上，不仅是在描述层面，也在规范层面，质疑了对现代国家作为一个政治共同体和实现"美好生活"舞台的根深蒂固的假设。但是，一些国际关系学者对他们学科的国家中心主义理论及其对规范性问题的影响所持有的不满，是否在某种程度上被当代的全球化现象所取代？如果我们相信关于全球化的一些假设，主权国家注定会在世界政治力量的影响下消亡，这些力量已经超出了个别国家的控制。有人会说这已经发生了，而有些人则认为国际关系理论中描述的国家从来没有真正存在过——或许除了作为一个理想的实体。另一种观点认为，全球化正在改变而不是取代国家。这些问题将在本章探讨。

全球化的概念

据某消息来源称，"全球化"一词最早出现在 1961 年的《韦氏词典》中，它标志着"在当代，人们开始明确认识到社会事件和关系在世界范围内的联系日益重要"（Kilminster，1997，p. 257）。许多针对这个现象的研究从一开始就说明了界定这一现象有多难，但随后又确定了一组与之相关的一系列主题："时间和空间的压缩，人类群体的互联联系日益增强，商品、人员和思想的交流增加,以及各种形式的全球意识出现……我们可以简单地称之为'世界主义'"(Turner and Holton,2016,p. 5)。从"社会"一词的广义层面来说,全球化被概括为"世界人口越来越多地融入一个单一社会的过程"(Albrow,引用于 Kilminster,1997,p. 257)。这表明全球化是一股推动世界走向一个与其支离破碎的过去截然不同的未来的"历史"力量。"文化"上,全球化通常被认为是现代性的一种单一的、同质的版本,尽管它是建立在一个主导的西方模式的基础上的,其他人最终也会遵循这种模式(Lawson,2011)。"政治"上,全球化可以理解为不仅指全球治理网络中人们的日益融合,还指在世界范围内更广泛共享的政治价值观的传播。从地理上看,全球化的同质化力量意味着边界被打破,距离被缩小,地点也失去意义(Murray,2006,pp. 4–5)。"经济"上,全球化通常被认为是最具活力的,尤其是自从苏联解体和新自由主义思想的盛行。从这个意义上说,全球化可以被看成是代表资本主义的发展趋势,根据一些人的说法,全球化只是代表一个更加统一的资本主义经济体系(Ukpere,2014,pp. 158–169)。尽管资本主义也体现了一定的社会、文化和政治观念,但经济层面与其他层面是密不可分的,事实上,社会、文化、政治、地理和经济都是相互交织在一起的。

更普遍地说,人们认为全球化是一个在世界各地的互动中,特别是在经济领域,越来越多的国家机构、当局、行为者等被忽略的过程。

> 人们普遍认为,我们生活在一个大部分社会生活由全球进程决定的时代,在这个时代,民族文化、国家经济和国界正在消失。这种看法的核心是如何看待快速的经济全球化新进程。据称,一个真正的全球经济已经出现或正在出现,因此在这种情况下,不同的国家经济以及国家经济管理的国内战略变得越来越不相关。世界经济在其基本动力方面已经国际化,它被不可控制的市场力量所主宰,并且作为其主要的经济行为者和变革的主要推动者,它拥有真正的跨国公司,这些公司不效忠于任何民族国家,并会出现在具有全球市场优势的任何地方。(Hirst and Thompson,1999,p. 1)

毫无疑问，跨国公司不效忠于任何民族国家，而且很容易超越国民经济，这一观念反映在实践中，因为许多跨国公司向世界各地的政府所缴纳的税收都很少。2013—2016年期间，媒体对这种情况进行了大量的报道，因为各国政府无论是单独或通过如"经合组织"或"20国集团"等多边机构，寻求从谷歌、微软、苹果、甲骨文、网飞、美国运通、花旗银行等公司征收相当比例的税收。2015年10月，经合组织估计，由于税基侵蚀和利润转移，政府每年损失1000亿至2400亿美元的税收——也称为税基侵蚀和利润转移（BEPS）（Callaghan，2016，p.36）。

在一个相关的主题上，作为两大对立意识形态的创始人，尽管亚当·斯密和卡尔·马克思的思想有着深刻的不同，但他们都坚信资本主义是全球性的，不能简单地局限于国界之内。对亚当·斯密来说，市场"看不见的手"是不可抗拒的，而马克思在批判地抨击资本主义的同时，也将资本主义的全球传播理解为历史的必然。马克思还是提出著名的"国家消亡"一词的理论家。这将随着资本主义的失败和共产主义的胜利而实现，共产主义是一个完全的政治、社会、文化和经济制度，在这种制度下，国家机器将不再是必要的。然而，在当代，正是全球资本主义依然在发展，人们使用各种各样的词，包括"无关紧要"、"多余"、"过时"、"无能为力"、"退却"、"衰落"或"奄奄一息"来描述国家。我们很快会谈到支持这些假设的论点。

历史视野中的全球化

关于全球相互联系的哲学思想已经存在几个世纪了，特别是在包含人类普遍主义方法的理论中。

前文已经提到了斯多葛派的"宇宙城"概念，也谈到了一些宗教思想，如基督教和伊斯兰教的主要传统已把人类社会概念化的事实。这些似乎与当今关于全球化的讨论相去甚远，但它们体现了有关超越特定政治群体以及建立总体联系的基本理念。在实际层面上，人们普遍认为，通过贸易活动的逐步扩大和其他形式的接触，全球化已经成为一种历史现象。有些人把全球经济的起源一直追溯到古巴比伦帝国和古罗马帝国，在这两个帝国中，人们实行了各种形式的远程借贷和贸易（Scholte，2001，p. 520）。其他人如提出长时段理论的历史学家费尔南·布罗代尔以及世界体系理论家沃勒斯坦和弗兰克认为这是资本主义出现导致的更具体的后果，当代阶段仅仅代表着"随着社会、政治和文化机构的出现并使其进一步发展的长期资本主义世界经济的延续"（Bisley，2007，p. 38；also Arrighi，1994）。但是这些研究很少指出人类物种本身在更早的时期就已经变得"全球化"了。自十万多年前起源于非洲，智人逐渐遍及全球，最终在四万年至六万年前到达澳大利亚（Christian，2004，ch. 7）。

然而，随着人类的扩展，它们往往会被彼此隔绝，考虑到它们之间的距离和地理特征，这不足为奇。他们在语言、习俗、技术和外表上也变得不同，随着时间的推移产生了巨大的变化。直到长期的全球航行和技术的发展，人类才开始重新"聚在一起"并建立起世界范围的联系。欧洲长途航行始于15世纪末，巴托罗缪·迪亚士的探险队发现了好望角，克里斯托弗·哥伦布发现了"新世界"，随后在16世纪据说是由费迪南·麦哲伦进行了第一次环球航行。对科学的兴趣推动了许多重要的探险，例如18世纪库克船长在太平洋航行，另外，另一个动机是传播基督教。但是贸易和商业无疑是主要的因素。海上商业航线的开放解决了欧亚大陆上烦琐而危险的陆上航线问题，另外，通往美洲、澳大利亚和太平洋以及亚洲和非洲的通道比以前多得多。到了18世纪，随着全球永久港口设施的建立及欧洲殖民化进程的迅速推进，全球化进程得以顺利进行。

霍尔顿（1998，pp. 45–48）起草了一份有用的历史清单，列举了从这一后期开始的几个阶段的重要发展，并以修改后的形式出现在下面，随后一份有同样重要作用的由斯科尔特起草的关于全球化历史上重要事件的清单（2001，p. 18）对其做了补充。这绝不是给出定义，而只是提供了一个很好的概述。

第一阶段，即从18世纪中叶到19世纪70年代，被称为"早期全球化"阶段，其中包括：

- 通过巩固主权国家和国家体系，主要在欧洲和北美地区的国家，使国际关系日益正规化，使国家间关系频繁地体现在双边和多边协定中；
- 发展国际人道主义制度，例如1840年制定的《世界反奴隶制公约》；
- 1851年在伦敦举行的第一届世界博览会标志着国际展览的开端；
- 1863年成立了红十字国际委员会，这是有史以来第一个国际非政府组织；
- 增加直接涉及国际关系管理的法律公约和机构，其中包括1868年颁布的关于防止在战争中部署燃烧物质的《圣彼得堡宣言》。

第二阶段，从19世纪70年代末到20世纪20年代，包括：

- 确立世界时间：24个国家于1884年开会，制定了格林威治标准时间，并将世界划分为24个1小时时区；
- 全球通信方式在数量及速度方面的显著增加，包括电话、电报和无线电，及飞机的发明——这项发明后来成为全球运输的基础。1891年伦敦和巴黎之间第一次接通了跨境电话；1919年第一次跨境航线开通；
- 国际竞赛的发展，如现代奥林匹克运动会（于1896年首次举行）和诺贝尔奖（1901年）；
- 将日本等几个非欧洲社会纳入"国际社会"；
- 第一次世界大战；
- 国际货币兑换金本位制的制度化、西方国家资本出口的大规模扩张以及跨国公司的诞生。

第三阶段，从20世纪20年代到60年代，除其他外，几乎整个非西方世界都卷入了全球化的网络中：

第八章 全球化世界下的国际关系

- 第二次世界大战后建立了国际联盟，随后建立了更具包容性的联合国及其许多机构；
- 英国的衰落和美国的崛起；
- 冷战的有效全球化及其对现代性和世界秩序概念的冲突；
- 非殖民化（包括主权国家制度的有效全球化）和第三世界在国际事务中获得发言权；
- 《世界人权宣言》表明，在大屠杀和广岛事件后，人们更加关注"人类"的概念；
- 全球化品牌的开始，如 1955 年第一家麦当劳餐厅的开业。

最终阶段，从 20 世纪 60 年代一直持续到现在，显然还在继续：

- 全球通信业的快速扩张，特别是通过电子技术。第一颗通信卫星于 1962 年发射，1963 年国际直拨电话开始投入使用。1976 年第一颗直播卫星发射；
- 世界银行和货币基金组织等金融机构的全球影响力日益增强，特别是在促进以市场为导向的经济原则方面；
- 来自西方国家的海外直接投资迅速扩大，跨国公司和国际战略商业联盟的力量日益巩固。由于技术进步，第一个全电子股票交易系统（纳斯达克）于 1971 年推出；
- 冷战的结束导致了一个更加不稳定的全球体系；
- 全球机构的数量大幅增加及全球公民社会也在崛起；
- 1991 年万维网的使用；
- 1992 年里约地球峰会（特别是随后关于气候变化的首脑会议）标志着环境作为一个全球问题的意识显著增强；
- 跨洲移徙显著增加，包括从第三世界向第一世界的移徙，这给以前单一文化的民族国家带来了更大的挑战，这些国家现在在文化方面越来越多元化；
- 伊斯兰教在世界事务中的影响力越来越大，这可能被解释为与全球化趋势背道而驰，或者说，它本身就是一种全球化形式——在这一过程中，它正在挑战西方霸权；
- 1999/2000年前后以有形形式出现的"反全球化运动"的增长，该运动围绕各种全球和区域事件（但现在正在下降）。

所有这些事态的发展和事件使我们进入到了一个阶段，即许多人认为全球化是时代的决定性特征。毫无疑问，我们很难否认全球化的说法，"无论如何从人类生活的长远来看，全球化都将继续存在"（Lemert et al., 2010, p. xvi）。

全球化与国家

核心经济活动的全球化、媒体和电子通信的全球化、犯罪的全球化、社会抗议的全球化以及表现为跨境恐怖主义叛乱的全球化都必然削弱了国家机器的能力。（Castells, 2010, p. 304）

这段引文强调了许多国家及其政府所宣称的正在失去控制的一系列领域。然而，大部分评论集中在经济领域。新自由主义的支持者们表示强烈的支持，他们认为市场是最了解经济的，应允许市场遵循其"自然"规律，这一观点在冷战后早期阶段显得尤为突出，而且当代关于"国家状况"的辩论一直是在这一背景下进行的。一位著名的冷战后早期的全球主义者对国家的效用，特别是相对于市场的效用有这样的看法：

在一个没有国界的世界里，民族国家已经成为组织人类活动和管理经济发展的一个非自然的、甚至功能失调的机制。它不代表真正的、共同的经济利益共同体；它没有定义经济活动的有益流动。事实上，民族国家由于以错误的分析角度把人类活动的重要措施相结合，从而忽视了往往存在于人口之间的真正联系和协同作用。……在全球经济地图上，现在重要的是那些能够定义所谓"区域国"的边界线。边界……被全球商品和服务市场这双灵巧但看不见的手所吸引。它们跟

随而不是先于人类活动。(Ohmae，1993，p.78)

这种方法被说成是一种新自由主义的"反政治"形式，它支持全球经济摆脱国家束缚，从而摆脱政治束缚。在这一愿景中，未来的状况除了通过维护法律和秩序以及维护私有财产权来保护市场体系之外，别无它途（Hirst and Thompson，1999，p.262）。

对这种相当极端的自由主义形式的反对来自右翼和左翼两方面。保守阵营的一种观点也与左翼批评一致，认为全球化的这种自由言论存在明显的危险，因为"它将民主政治生活的范围缩小到市场机构管理方面的边际调整"，并且"将政治进程封闭在关于市场机构对满足人类需求的贡献的问题上"（John Gray, quoted in Scott，1997，p.1）。因此，需要重振政治以质疑全球化对社会的影响，而且在必要时刻保护社会免受来自市场的负面影响。对于民主社会主义者来说，如果要解决资本主义造成的严重不平等，就必须（由国家）做出协调一致的再分配。

传统的保守思想和社会民主思想同与之相反的新自由主义经济理论相结合，乍一看来似乎有些奇怪但它们的共同点在于，典型的保守主义者与民主社会主义者共同持有的社群主义规范承诺与一种几乎完全没有任何规范性的经济普遍性正相反（尽管通常以截然不同的方式表达）。

这让我们回到曾在第一章中提出过的一个问题，那就是国家有可能消亡是否是一件"好事"，或者有相当强管理和治理能力的国家对于秩序和正义是否仍然重要。传统的保守主义和民主社会主义观点都不太可能认为这是一个积极的发展，因为国家赋予了社会形状和实质。对于民主社会主义者以及致力于社会问题的自由主义者来说，国家也提供了一种私人无法提供的公共物品和服务的分配机制。

据一位评论员称，这种情况自1945年以来一直存在，当时人权的规范性框架将"国家对其公民的某种义务纳入其中"，这一义务因经济一体化以及市场力量在某种程度上决定着政府的政策选择而变得更加困难（Wall，2012）。这几乎可以肯定是普通人反政治情绪高涨的一个主要因素。例如，在英国，英国独立党（UKIP）的崛起直接原因是选民中针对主要政党所代表的既定"政治阶层"所产生的反政治情绪高涨（Tietze and Humphrys，2015）。关于美国的"特朗普现象"也有类似的观点，支持者和反对者都认为唐纳德·特朗普的立场是反"常规政治"（Finchelstein and Piccato，2016）。

关于国家衰落的许多全球化言辞中所隐含的"政治终结"、"反政治"甚至"主权终结"的观点，也在国际关系方面得到了更具体的批判性讨论。克里斯·布朗认识到，当代国家权力的行使发生了非常重大的变化，但他不仅强调国家仍然是世界政治领域的关键实体，而且政治权力几乎没有被废除，更不用说政治本身了。市场经济学更天真的支持者们似乎认为，假设世界政治中的任何力量都会在不涉及政治力量的情况下运作，这其实是非常不可信的。（Brown，1999，p.57）

其他全球化观点的批评者提出了一个问题：针对在全球化的影响下，国家的命运发生了重大逆转的说法究竟有多少为实质内容？一位学者承认以上描绘的历史发展实际上已经发生，他认为当代全球主义者严重夸大了过去国家对其国民经济（以及政治和社会生活等其他方面）行使实际权力的程度，这使我们对过去的强国与现在的弱国之间的对比产生了疑问。

第二次世界大战后，一种截然不同的观点认为，一个西方集团正在发展成为一个相当于"西方国家"的实体：以北美、西欧、日本和澳大利亚为中心的庞大的、体制复杂的和错乱结合的国家权力集团。此外，随着苏联集团的解体，"西方国家是唯一的全球中心，并且能够利用合法的全球机构，特别是联合国，来保证其全球的影响力"（Shaw，2003，p.120）。其他批评意见认为，在美国的带领下，事实上是国家在全球化进程中受到了最深的牵连，从而直接质疑资本以某种方式绕过、逃脱或削弱了国家的概念（Panitch，2002，p.98）。另一项研究指出，全球化的一个关键驱动力是"强国"的作用，因为它们融入了国际市场，并且能够渗透到其他国家具有竞争优势的市场，这意味着它们可以随时利用机会，包括促进本国公司的跨国化。因此，"经济全球化可以被强国作为一种"软实力"的形式，利用竞争和胁迫性的政治和经济策略来追求地缘政治目标"（Tonnaer，2013，p.4）。

上述情况表明，人们对主权和国家如何在全球化的影响下获益存在许多不同看法，特别是在经济方面，尽管还有其他方面。然而，这些问题并没有穷尽当代全球化影响的大主题。另一个方面涉及在全球化的条件下地方或国家文化习俗的命运。

文化与全球化

有三种不同的方法研究文化和全球化之间的关系问题，每一种都以不同的假设为前提。首先，有人认为，在目前全球化的条件下，全球资本主义占主导地位的经济范式以其自身形象创造了文化全球化的版本。第二种方法否认了这一观点，认为民族主义和种族政治的盛行正是对全球化的抵制，包括经济和文化方面（有人可能会加上政治）。还有一种观点否定了前两种观点，提出一种不受全球资本主义逻辑所支配的跨国文化形式的方法（Holton，1998，p. 161）。在不考虑矛盾的前提下，认为这三种方法对全球化的影响都有一些合理性的说法是否可能成立？

首先要谈的是关于"全球文化"的概念，对这个概念的理解要求我们再次思考这个叫做"文化"的东西。此前已经注意到，"文化"的概念经常被视为区分不同群体的关键因素，这使他们各自的成员成为特定类型的人。更具体的定义可能会强调使每个人类社群具有独特性的整套文化元素，包括语言、亲属关系、宗教、食物、仪式、舞蹈、艺术、分配和交换体系、政治权力结构等。尽管并非所有人类学家都认可这个定义，但它们在人类学文献中很常见。即便如此，"文化"这个概念是属于某个"社群"的，事实上它定义了这个社群，这一点已经很普遍了。

另一方面，人们把全球文化看成一种普遍化和均质化趋势的一部分，这种趋势将超越甚至可能抹杀构成人类世界文化地图的各种地方习俗。这正是认为全球资本主义以自己的形象创造了一种文化全球化这一观点所隐含的含义——随处可见的可口可乐、李维斯和麦当劳以及壳牌和联合利华等工业品牌的商标恰恰证明了这一点，更不用说英语作为全球性语言的主导地位以及成为全球标准日期的基督教日历。根据这种观点，构成全球文化主要部分的主导产品、公司和沟通方式实际上并非来自世界各地。大多数（当然不是所有）都有特定的起源，而起源点是"西方"。关于将基督的诞生作为全球日期系统的参考点，无须太多洞察力就能认识到这对世界上大多数人来说没有特殊的文化意义。正如艾比亚和盖茨所指出的，为引人注目的是使用基督诞生日作为大多数文化群体所使用的日期系统这一做法。

> 还有一点，过去五百年来，欧洲基督教文化在军事、经济和文化上的扩张是如何引领我们进入真正的全球人类历史的第一阶段的。不管他们的意图如何，欧洲人和他们在北美的后裔，一个我们现在称之为"西方"的文明，将人类带入一个单一的政治、经济和文化体系，其细节是全世界人民努力的结果。（Appiah and Gates，1999，p. ix）

更具体地说，当前时期的特点是存在一个全球文化体系，现在世界各地的人都参与其中，尽管他们可能来自不同的文化背景。他们说，这个文化体系越来越不受西方左右，或者不如前几个时期那样以欧洲为中心了（同上）。然而，并不是每个人都同意这种说法。对全球文化的另一种看法可能会更具体地与某种全球化形式联系起来，这种全球化形式主要是指西方技术、制度、实践和价值观的扩张，而最终形成表面上与当地文化实践相结合的西方文化霸权。然而，通常被认为是"西方"的东西实际上可能更具体地表述为"美国的"。此外，"西方"不是单一的同质文化实体，而是包含了一系列高度多样化的社群（Lawson，2011）。

西方化和/或美国化与现代性之间的关系是另一个问题。人们通常认为现代性必然会以这样或那样的方式导致西方化。事实上，有时后者被认为是现代性的必要条件。但事实是如此吗？这在很大程度上取决于现代性是如何概念化的。第一章的讨论非常明确地将现代性与欧洲和北美的科学、政治和社会发展联系在一起。科学和技术的发展带来了工业化和城市化的扩张，这反过来又影响社群及其特定的生活方式。主权国家体系的崛起是另一个重要的发展，但它本身并不一定会带来"现代"政治。这更多地是通过解放思想的兴起而实现的，这些思想摒弃了传统或宗教权威的许多方面，在国家政治中拥护政治改革的民主议程，同时促进了普遍主义的人性观念。

"西方现代性"通常被认为包括了这一整套内容。因此，问题是是否有可能省去一些元件。例如，没有自由的政治和社会制度——简而言之，没有自由的文化——现代化能否实现？新加坡政府统治着亚洲最"现代化"的地方之一，似乎已经实现了这个目标。它是该地区唯一一个没有自由化就实现现代化的国家，这是中国渴望效仿的成就（Ortmann and Thompson, 2016, pp. 39–48）。第二次世界大战前的德国和日本是独裁的，但也是现代的，因为它们拥有先进的工业化经济基础。法国后现代哲学家米歇尔·福柯因其断言大屠杀是现代性的产物而闻名于世（Bauman, 2000）。

今天，除西方以外的许多国家想要实现技术、科学和工业上的现代化，但没有任何自由的社会和政治因素。他们当然不想复制美国。因此，对现代化的渴望通常可以通过拒绝某些被认为不受欢迎的政治和社会价值来满足。然而，在不效仿美国或任何其他西方国家的前提下，各国接受自由的政治和社会制度以及工业化并没有超出可能性的范围。然后，就有可能谈论不同的现代性表达，这些表达可能包含与民主和人权等相关的某些价值观，但这些价值观不会融入全球文化的一个无定形类别。

全球化、国家和规范性问题

支持对规范性国际理论采取世界性方法的人可能会欢迎全球化的某些方面，特别在某种程度上，它被概念化为通过软化政治及其他社会结构边界使人类关系更加紧密。世界各国对强调不干涉国家内政的国家主权理论被用作一些国家精英严重侵犯人权的挡箭牌的程度尤其持批评态度。他们也批评了道德主要依赖于从"文化"中衍生出来的观点，不符合促进人权和其他商品的普世主义计划。这并不意味着世界各国都认为社区没有价值，也没有认同、归属感和安全感。但是承认这一点并不意味着国家主权的神圣不可侵犯性，特别是在与有害的文化相对主义理论结合使用时，可以面对严重行为进行辩护，在种族灭绝等更严重的情况下，这些行为被描述为"危害人类罪"。"人性"一词的力量，很明显，是一种依赖于超越所有界限的彻底的世界性道德的力量。这也支持全球分配正义的有力论据，理由是我们都有内在的人类平等，这需要采取实际措施来促进"全球平均主义"，其分配正义原则普遍适用，因此其支持者认为"世界上一些人享有比其他人更好的过上充实生活的机会是不公平的"（Caney，2015，p. 277）。

另一方面，社群主义者通常将边界作为人类生存的一个重要方面来捍卫，尤其是那些反映文化差异并为社群生活、身份和价值观提供基本框架的边界。因此，社群主义道德在很大程度上受语境制约。即便如此，社群主义者也不太可能争辩说，将"文化"或特定的"社群标准"凌驾于人类和普遍伦理的概念之上，真的可以为种族灭绝、人类牺牲、作为法律制度工具的酷刑等行为开脱。也不是所有社群主义者都同意此观点，在目前的国家体系中，主权国家的边界实际上包含了真正的文化社区，在这些社区中，每个人都有一个一致的价值体系。很少有人会否认，当代世界上的大多数国家都包含各种不同的群体，这些群体可能在文化、种族、宗教等方面有所不同，这使得国家与文化的等式，或者在更常见的政治模式中，国家与"民族"的区别远远超过了规则。即便如此，在社群主义话语中，国家边界已经在一定程度上获得特权，或许是因为国家边界是有形的法律机构实体，并执行封闭和分离不同政治社区的任务。

规范性国际理论中的国际主义/社群主义分歧所产生的一些问题已经在前面的章节中讨论过了。在这里，在思考全球化背景下的规范理论和国家时，出现了一些额外的问题。这些关系到责任的概念——谁承担责任，责任延伸到什么地方，延伸到什么程度，实际上，全球和地方、全球和特定地区在多大程度上是相互依存的。这些观念交汇的一个主要问题领域是人类所处的环境。然而，对人类自然栖息地本身的关注意味着彻底的人类中心主义，而有些人则认为，需要彻底的生态中心主义，这反过来又需要重新思考国际伦理（McDonald，2014）。另一个主要问题领域来自于逃离冲突或受到自然灾害威胁的难民，而有些难民则因为自己的家园无法为家人提供衣、食、住和受教育的基本生活条件。规范性国际理论的问题是，什么样的伦理最适合于这些问题？它是基于传统的主权国家国际关系模式和内向的社群主义，反映在国家边界之外的排斥做法上，还是应该放弃这种做法，以包容其他需要帮助的人的"全球伦理"，这更符合世界性的做法？还是有一种综合两者元素的中间方法？让我们更详细地考虑每个问题领域。

关于环境，现在人们已经接受，在世界各地，污染、土地管理、气候变化、生物多样性的丧失以及水和其他自然资源的供应都存在严重问题，除非采取紧急行动，否则这些问题今后可能会变得更加严重。但是由谁负责？由于许多环境问题远远超出了当地范围，而且实际上是全球性的，因此确定责任和制订可行性方案要困难得多。因此，虽然很明显，国家及其内部的地方社区必须对某些问题承担责任，并尽最大努力补救这些问题，但现在人们普遍认为，需要采取全球行动，只有通过建立全球责任感，才能凝聚实现这一目标的意愿（Attfield，1999，p. 23；Humphrey，2010，pp. 194–195）。

当代环境问题中最具威胁性的可能是气候变化和大气状况，这无疑是迄今为止"人类世"最广为人知的特征。实际上，有效管理这个问题关系到每个人的利益。20世纪80年代末，随着国际协议逐步淘汰氟氯化碳在制造业中的使用，在臭氧层破坏方面取得了重大进展。这需要提供替代技术，特别是在较贫穷的国家。反过来，这意味着富裕国家必须接受技术转让的责任。1992年，当联合国在里约热内卢召开第一次"地球峰会"时，尽管国家利益和主权仍然非常明显，但全球道德发展的证据似乎越来越多。例如，一些发展中国家认为，在森林中进行商业伐木作业是它们的主权权利，特别是考虑到它们需要赶上发展的赌注。另一方面，美国，可以说是世界上最"发达"的国家，当然也是人均消耗最多能源和资源的国家，至少在一定程度上拒绝了《京都议定书》关于温室气体排放的规定，理由是美国的生活方式根本没有谈判的余地。这两种方法都将"国家利益"置于全球利益之上。当然，解决这个问题的一种方法是说服领导人，全球气候变化行动实际上符合他们自己国家的国家利益。

问题仍然是：在全球化的世界中，国家在解决环境问题方面的作用是什么？一位著名的"绿色"作者提出了一个强有力的论点，主张将国家带回分析中心，指出尽管全球化带来了变革，但国家仍然是国际秩序的主要看门人。此外，绿色政党在政策过程中发挥了影响，这也是该州的内部情况。这一论点跨越了当前支持"没有政府的治理"和"许多激进环保主义者的反政府姿态"的趋势（Eckersley, 2004, p. xi）。这也与涉及其他国家权力问题的批评理论中的趋势相反，尤其是关于国家权力的包容和排斥机制，在这么多人流动的时代，这一趋势尤其令人担忧，通常是出于需要，而不是渴望看到新的地方和获得新的经验。

寻求庇护者以及因经济贫困而被迫移徙的人的问题，除其他行为者外，引起了关于国家责任和适当道德反应的类似问题。虽然媒体经常关注从不发达国家到发达国家的寻求庇护者和经济移民，但实际上大多数都是国内移民。《2009 年人类发展报告》侧重于人的流动和发展，据估计（保守估计），大约 7.4 亿流动人口是国内移民——是国际流动人口的四倍。国内移徙的另一个特点是从农村地区向城市地区的重大转移。在那些国际移民中，只有大约三分之一的人从发展中国家移民到发达国家。据估计，2009 年生活在国籍国以外的难民人数为 1400 万，2015 年该数字上升至 1950 万，而流离失所者的总人数（主要由于冲突）高达 5950 万，这是有史以来最高的（UNDP, 2009, pp. 4–5；另见 International Organization for Migration, 2015, pp. 4–9；UNHCR, 2015）。与前面讨论的其他问题一样，一些人反对允许更自由的流动和重新安置，而世界主义者或社群主义者却持相反观点。一位世界主义的支持者说：

> 许多世界主义者会争辩说，个人逃避迫害或极端贫困的权利应该导致放松严格的边境管制……可以肯定的是，这种放松将会对现有公民产生影响，他们可能不愿意经历经济福祉的可能下降，或者不愿意让不属于他们地区的其他人进入该国，这些偏好很可能被视为不这样做的民主理由。但是不清楚为什么这些考虑应该优先于满足其他人的基本需求。从许多方面来看，我们对难民的态度是检验我们在多大程

度上接受了一种世界性的思维方式，也是我们在多大程度上保留了传统的社群主义方式的试金石。（Dower，1998，p. 109）

特别是难民问题引起的另一个关键规范问题，以及这些男人、女人和儿童在一个隐含着社群观点特权的主权国家的国际体系中享有什么权利，涉及个人作为个别国家公民的地位。这使我们再次质疑政治团体的性质。

重新思考政治团体

现代国家只是我们可以利用的众多可能性中的一个，在全球化条件下重新思考这种形式的政治共同体的效用和相关性的重要性已经从实践和道德的多个角度受到了压制。一种方法来自于一群"世界性民主"概念的提出者。在完全基于全球化、冷战结束和民主统治原则被广泛认可的背景下，他们声称将民主统治从国内扩展到国际舞台的时机已经成熟。他们认为，无论如何，在这个全球化的时代，国家在不考虑更广阔世界的情况下做出（民主或其他）决策的能力会受到越来越多的限制："预测在下一个千禧年，政治团体不得不将向全球发展进程妥协似乎是合理的。"因此，他们必须努力"调整和巩固民主成为权力管理体系，并努力发展稳定的和平关系"（Archibugi，Held and Kohler，1998，p. 2；see also Bray and Slaughter，2015）。

这个项目不同于其他世界性的计划，因为它将民主置于国家、国与国之间和全球问题分析的中心（Archibugi，Held and Kohler，1998，p. 4）。然而，它没有设想一个只有一个权力中心的世界政府。尽管不是以传统的主权形式存在，但各国仍将继续作为该系统的重要组成部分：

> 国际民主的例子是建立能与国家体系共存的新政治机构，但在明确界定的领域，新政治机构会凌驾于国家之上，这些活动具有明显的跨国和国际特征，需要区域或全球的主动参与来提高效力，并依赖这些主动参与来获得民主合法性。（同上，p. 24）

某位批评者认为，处理全球问题的最佳方式不是放弃民族国家模式，而是利用和加强其在处理全球问题和发展更好国际秩序的能力。他说，从历史角度来看，当前的国际国家体系仍处于相对早期的发展阶段——尤其是对于那些前殖民世界的国家。当然还有改进的余地，事实上这是主要的一点，尽管不可能一夜之间实现（Nakano，2006）。但是，如果国家和全球民主制度可以作为互补机构存在，那么增强国家能力的空间仍然很大——他们之间并不矛盾。无论如何，如果要实现这一目标，它必须是一个以国家主导的进程，就像我们目前的许多全球机构一样，主要是通过国家行为者的机构建立。

然而，对未来政治社区的另一种世界性方法来自批判理论视角，这种方法强调了一个事实，即在历史上，这些社区的生存通常归功于公民和国家之间的社会纽带没有向外延伸。"政治团体之所以经久不衰的原因是因为它们是排外的，大多数政治团体通过强调本国人与他国人之间的差异来确立其独特身份。"（Linklater，1998，p.1）由此可见，如前文对难民的描述，政治团体实际上是一个存在很多道德问题的包容与排斥并存的制度。林克莱特继续为政治社区的转变提出理由，以及由此产生的社会关系的转变提出了理由，这意味着放弃传统的威斯特伐利亚国，这太容易支持排斥机制。所面临的挑战是创建承认本国人和他国人在道德上是平等的政治团体（同上，p.219）。

对外来者采取不同待遇的一个例子是美国布什政府处理恐怖嫌疑人的方式。有人指出，布什政府通过在美国官方领土之外的关塔那摩湾拘留嫌疑人，并将他们称为"敌方战斗人员"，能够无限期拘留他们，从而剥夺了他们的正当程序。

如果嫌疑犯在美国境内，这在法律上是不可能的。对这种情况的世界性道德反对意见是，国家和外国国民应该像私人公民一样，在国家境内外受到相同而不是不同的道德待遇（Gamble，2010，p.81）。

结论

技术飞速变革的浪潮，全球化概念的兴起，加上冷战的结束以及政治、社会和经济障碍的打破，开启了人们对世界政治中传统政治结构和社会关系的认真反思。本章讨论的主要问题之一是这些发展对传统主权国家及其产生的国家体系的影响。在当前全球化的力量下，我们所知的国家和国家体系真的在衰落吗？还是像几个世纪以来一样，国家只是处于过渡阶段，已经开始了一个动态的适应过程？如果是的话，会有什么实际影响和道德后果？如果一个人认为经典的主权国家模式是一个神话，或者至少是一个不符合现实的理想，这些问题可能不会显得特别重要或有趣。另一方面，如果主权国家确实是稳定世界秩序的主要组成部分，正如许多国际关系理论家所争论的那样，那么这个问题就更加严重了。鉴于这一学科实际上建立在现代国家及其在国际国家体系中产生的关系之上，它提出了一些关于其未来的有趣问题。

扩展阅读

Bourguignon, François (2015) *The Globalization of Inequality,* trans. Thomas Scott-Railton (Princeton: Princeton University Press).

De Beukelaer, Christiaan, Miikka Pyykkönen and J. P. Singh (eds) (2015) *Globalization, Culture, and Development: The UNESCO Convention on Cultural Diversity* (Houndmills: Palgrave).

Eriksen, Thomas Hyland (2014) *Globalization: The Key Concepts* (2nd edn, London: Bloomsbury Academic).

Held, David (2010) *Cosmopolitanism: Ideas and Reality* (Cambridge: Polity).

Woodley, Daniel (2015) *Globalization and Capitalist Geopolitics: Sovereignty and State Power in a Multipolar World* (Abingdon: Routledge).

思考问题

- 资本主义在多大程度上是全球化的主要推动力?
- 某些全球主义论点在什么意义上是"反政治"的?
- 由于全球化的无情力量,国家真的在衰落吗?
- 在全球化的辩论中是如何讨论世界主义和社群主义相关问题的?
- 是否有好的理由来实现世界民主的目标?

第九章 结论：存在后国际世界吗？

无论国际关系领域的其他学者有什么不同意见，也不管他们的理论观点如何，几乎没有人认为主权国家制度在整个现代时期被视为国际秩序的决定性特征。随着主权国家制度蔓延到世界各地，它取代、包容或摧毁了其他形式的政治团体。今天，地球上几乎没有一寸土地不属于主权国家，或者不在主权国家的控制之下。甚至世界海洋、大洋和领空的大部分区域也被指定划归这个或那个国家。而且，无论人们是否普遍意识到这一点，国家在组织人们生活以及确定他们在世界上的基本政治身份方面从头到尾都发挥了重要的作用。

特别是最后一章表明，近年来，现代国家对中心舞台的长期占领受到了强烈的挑战。其他章节也说明了这样一个事实，即现在越来越强调不以国家为中心、独立运作的思想和活动。正如我们所看到的，非国家组织作为国际行为者本身正在蓬勃发展。实际上有成千上万的人，包括国际环境问题参与者、人权问题参与者、宗教活动参与者和和平倡导者到无数公司和金融机构，更不要说那些参与这种或那种全球敲诈勒索的人。所有这些团体的活动都对世界政治有着深远的影响。

如此发展下去，加上全球化力量的普遍影响以及国家和国际领域边界的瓦解，很可能会让我们相信，"国际关系"这一概念本身已经过时了，我们已经进入了"后国际政治"的阶段。这个想法起源于詹姆斯·罗森诺的著作，他声称"后国际"不仅仅是一个时髦的、简单地与所有其他"职位"相吻合的标签，而是一个真正需要被定义的、用来表示新结构和流程的存在以及进一步结构发展可能性的术语：

后国际政治是一个恰当的名称，因为它清楚地表明了长期模式的衰落，同时也没有指明变革可能会导致什么。它暗示了流动和过渡，即使它暗示了稳定结构的存在和功能。它允许混乱，即使它暗示了一致性。它提醒我们，"国际"问题可能不再是全球生活的主要方面，或者至少已经出现了挑战或抵消民族国家互动的其他方面。不仅如此，它还允许我们避免过早判断当今的动荡是由持久的系统安排组成的，还是仅仅是一种过渡状态。（Rosenau，1990，p.6）

在罗森诺的带领下，国际关系学的其他一些学生探索了后国际世界的可能性，他们认为后国际世界可能成为"21世纪的范式"（Hobbs，2000，p.5），同时也反映了一个多中心的多角色世界的现实，这个世界"充满了结构、过程和他们自己划分的规则"（Moreno，2000，p.29）。另一些人认为，随着冷战的结束，当代全球化趋势的影响，非国家行为者和机构扩散以及世界末日恐怖主义的威胁（仅举一些重要的当代发展的例子），许多现有的国际关系理论好像已经完全过时了："它不仅没有阐明，而且实际上混淆了当今全球政治的主要特征。总之，大多数传统的国际关系理论都是糟糕的理论。"（Ferguson and Mansbach，2004，p.1；另见 Ferguson and Mansbach，2008）他们的总体论点是，在后国际政治和社会关系的新兴时代，围绕国家的传统"国际"政治组织正在被新的、更复杂的现实所取代，这符合前一章概述的全球主义观点的主旨，尽管不一定赞同这种全球主义观点所提倡的另一种秩序的新自由主义版本。因此，后国际主义可能不仅反映了冷战时代结束后的广泛变革，"也反映了威斯特伐利亚实验的结束的开始"（Rogers，2009，p.29）。

针对几乎所有传统的国际关系理论的谴责以及对后国际政治的推动导致了更多问题的发生。首先，我们可能会问，针对研究领域本身是如何构建的这一问题，我们是否已经达到了后国际政治的阶段，同时也达到了"后国际关系"的阶段。在一篇题为"从国际关系到世界政治"的文章中，R.B.J.沃克（1995）带我们从广义的后现代角度考虑不受现代国家有限领土空间限制的另一种理解。

第九章 结论：存在后国际世界吗？

本书中讨论的一些国际关系替代法也传达了类似的信息，即批判理论、女权主义的普遍版本和建构主义的一些变体。不管我们是否相信现代领土国家制度即将消失，这个信息都是重要的。正如这本书始终强调的那样，它的重要性在于它鼓励我们接受这样一个事实，即使是最熟悉和最持久的世界政治结构和过程也在发生变化，只不过有时是缓慢的，有时是出其不意的。这个结构和过程也许会朝着好的方向发展，也许会朝着坏的方向发展，但"进步"不是必然的。

这就引出了第二个问题。经验上来说，认清世界非国家行为者、力量和结构的发展程度，使人们重新思考"主权"国家在当前时期所处的状况以及这对基本现实主义假设可能带来的挑战是一回事。但是，从反国家主义意识形态的角度来看待和庆祝这些发展是另外一回事。一个由无主权国家或者主权被大大削弱的国家构成的世界，一定会是一个更好的世界吗？当考虑到世界政治中的某些其他力量（大到公司小到某个个体，甚至犯罪分子）时，这句"许愿需谨慎"的古训是恰如其分的。正如我们清楚地看到处于脆弱国家指数底端的国家其能力羸弱到无法为本国的人民提供基本的安全保障，这没有什么值得高兴的理由。这些国家也排在人类发展指数的末尾，这绝非偶然，他们还为妄图扩张的恐怖主义团体的非国家行为者提供条件。一位作者指出，"失败的"国家为国际或跨国犯罪活动提供了理想的温床，并对其他国家、民族和国际体系本身构成严重的安全威胁（Rotberg，援引于 Karstedt，2011，p. 110；另见 OECD，2015，esp. pp. 85–86）。

在那些脆弱或失败的国家对面，我们发现在人类发展和国家可持续发展方面，最强大的国家得分都非常高。为衡量和排名国家而开发的指数一直将相对较小的北欧国家放在首位。这很有趣，因为就军事和经济能力而言，它们根本不是最强的国家。拥有迄今为止最大、装备最精良的军队，同时也是世界最大经济体的国家当然是美国，但它在人类发展指数上却排第八位，在脆弱国家指数上落后于其他 20 个国家。即便如此，在冷战结束时，在西方盟国的参与下，没有明显对手的美国似乎占据了世界权力中心，成为了一个霸权国家，这段时期被称为"单极时期"（Krauthammer，

1990，p. 23）。这种观点与另一个观点形成了对比，它认为世界的权利会分散在包括日本、中国和印度在内的多个行为者之间。至少支持美国主导论的人认为，十多年后，随着美国的地位并没有显然降低，"单极时期"将成为"单极时代"（Krauthammer，2002/2003，p. 17）。但是当然还有其他观点，有人认为单极世界正在被多极世界取代，"在多极世界中，没有任何一个大国能够主宰它的同龄人"（Harris，2016，p. 1）。主要的转变是印度 - 太平洋地区，由于世界两个最大人口国家——中国和印度，印太地区正迅速成为世界主要增长中心。这两个国家都是核大国，也都在扩充自己的军队。日本是第三大经济体，而其他"亚洲四小龙"也为该地区的活力做出了巨大贡献。金砖国家集团当然包括中国和印度，但俄罗斯、巴西和南非也在增长。如果多极世界真的在本世纪出现，那将标志着西方主导地位的终结和一个截然不同全球政治时代的开始。这无疑会给我们许多可思考的可能性。

替代方法强调的另一个主题是，看待世界的方式不止一种。不同的世界政治形象不仅通过不同的理论方法和模型展现出来，也由政治、企业、宗教、军事等不同领域的决策者和领导人展现出来，他们不可避免地会从非常不同的角度看待事物，并采取相应的行动。反过来，由于所处的位置和方式不同，不同的人所经历的政治行动和事件是不同的。这反过来会造成不同的看法、解释、评估和反应。相对视角不仅仅来自于观察者在时间和空间上所处的特定位置。也可能来源于一个人的社会地位，这就是为什么必须考虑阶级、种族、性别和年龄问题的原因了。

对国际关系中某些观点的理解，女权主义者和性别学者做出了很大贡献，特别是在权力如何在实际中塑造观点方面，使得一些观点看起来比其他观点更有说服力。因此，政治权力在为那些受政治权力支配的人创造和实现某些"现实"问题上具有更大的效力。一旦国际关系的学生了解到观察和体验世界的许多不同方式，以及权力是如何被牵扯进来的，国际关系就会变得更加有趣和富有挑战性。特别是后国际世界里权力是如何分配和部署的问题更具挑战性。

承认观点的相对性与传统国际关系方法中隐含的普遍主义的重要方面

相矛盾，这在当代辩论中变得尤为突出。然而，我们已经看到相对主义方法也有问题，特别是在规范性国际理论领域，以及反映在国际主义和社群主义立场上的普遍主义和相对主义之间的紧张关系。虽然在国际关系议程上并不新鲜，但这些主题在冷战后变得更加突出，因为规范理论已经普遍获得了更高的关注。这至少部分是由于一些重要的实际问题，如环境、人道主义干预、保护责任和庇护等问题要重新思考许多公认的关于主权国家道德、国家行为者在国内和国际领域的权威以及这些领域之间联系的假设。

这些问题也表明，随着取代旧冷战框架的"新议程"的出现，国际关系问题本身也在扩大。并非所有人都同意冷战的结束为这一学科及其研究的变革提供了巨大的动力。有人会争辩说，在柏林墙倒塌时，现在被视为该学科特征的基本变化已经发生了。然而，尽管在冷战结束之前，确实有很多关于新方向和新方法的讨论，但毫无疑问，两极和超级大国竞争的崩溃为扩大关于世界政治本质是什么、哪些内容在主题范围内以及该如何研究的辩论提供了重要的动力。此外，近 30 年来，我们可以看到，它确实引发了人们对世界政治重大转变的可能性，包括后国际未来可能性的极大兴趣。

综上所述，国际关系学者并不是唯一关注世界政治最新问题和发展的人。这些问题还吸引了经济学家、文化和社会理论家、历史学家、哲学家、语言学家、地理学家、人类学家、文学评论家、比较宗教学学生和心理学家们的注意——事实上，这几乎涵盖了整个社会科学和人文学科的各个领域。例如，"反恐战争"显然是国际关系学生面临的首要问题，但对其他专业的学生来说也是如此。事实上，在对这些问题进行全面分析时，国际关系的学生不可避免地会借鉴其他学科的观点——从中东和北非的殖民主义和新殖民主义的历史到宗教社会学、"正义战争"的哲学、"资源地理"（水和石油）等。这表明，对当代世界许多问题的有效研究几乎不能局限于一门单独的学科。因此，对于国际关系学院的学生来说，尽管重点仍将放在政治上，从而保持一种不同于国际研究中更广泛的交叉学科或跨学科领域的学科特征，但了解其他研究领域可以提供什么，并有能力融入他们的见解是至关重要的。

由于冷战和 21 世纪所面临的挑战，在国际关系新议程中，人们提出该如何处理国际关系问题，尽管显然这不是第一次提出这样的问题。我们已经谈到了由实证主义方法论和现实主义理论所提出的一些问题。另一方面，一门没有适当关注"事实"的社会科学很难被认真对待。然而，摒弃事实并不是后实证主义方法论或认识论的真正意义之所在。相反，问题在于我们应如何得出关于世界的事实以及如何处理这些事实。

最后，应该清楚的是，尽管现实主义在过去 50 年占据主导地位，实证主义方法使国际关系成为无价学科，不能认为道德问题在很大程度上与权力政治领域及其产生的政治、社会和经济关系无关。20 世纪上半叶出现的对国际关系学科最初的关注是战争的原因和和平的条件。从这个意义上说，国际关系最初是一个非常规范的专业。鉴于当今世界的现状，各种各样的战争问题仍然困扰着全球，和过去一样，这些最初的担忧现在依然至关重要。除了这些担忧外，现在还有很多其他方面的问题，从援助、贸易和发展到性别和环境问题，更不用说主权国家的基本性质和各国国际体系的整体结构。自从国际关系正式成为一门学科以来，无论采用了什么方法、途径和理论，无论国际关系的主题中增加哪些内容，也无论未来世界秩序会发生什么样的变化，它的核心都有一个规范的目标。

参考文献

ABC (Australian Broadcasting Commission) (2015) 'Fact File: The Greek Debt Crisis Explained', 20 July, http://www.abc.net.au/news/2015-07-20/fact-file-the-greek-debt-crisis/6621376.

Abouharb, M. Rodwan and David Cingranelli (2007) *Structural Adjustment and Human Rights* (Cambridge: Cambridge University Press).

Acharya, Amitav (2014) *Rethinking Power, Institutions and Ideas in World Politics: Whose IR?* (Abingdon: Routledge).

Acharya, Amitav and Barry Buzan (2007) 'Why Is There No Non-Western International Relations Theory?', *International Relations of the Asia-Pacific*, 7/3: 287–312.

Adler, Emanuel (2005) *Communitarian International Relations: The Epistemic Foundations of International Relations* (New York: Routledge).

Adler, Emanuel (2013) 'Constructivism in International Relations: Sources, Contributions and Debates', in Walter Carlsnaes, Thomas Risse and Beth A. Simmons (eds), *Handbook of International Relations* (2nd edn, London: Sage).

Adler, Emanuel and Michael Barnett (eds) (1998) *Security Communities* (Cambridge: Cambridge University Press).

Agger, Ben (1991) 'Critical Theory, Poststructuralism, Postmodernism: Their Sociological Relevance', *Annual Review of Sociology*, 17: 105–31.

Alexandroff, Alan S. and Andrew F. Cooper (2010) 'Conclusion', in Alan S. Alexandroff and Andrew F. Cooper (eds), *Rising States, Rising Institutions:*

Challenges for Global Governance (Baltimore, MD: Brookings Institution Press).

Allen, John L. (2000) *Student Atlas of World Politics* (4th edn, Guilford, CT: Dushkin/McGraw-Hill).

Amin, Samir (1998) *Spectres of Capitalism* (New York: Monthly Review Press).

Amineh, M. Parvizi (ed.) (2010) *State, Society and International Relations in Asia* (Amsterdam: Amsterdam University Press).

Andrews, David M. (2008) *Orderly Change: International Monetary Relations since Bretton Woods* (Ithaca, NY: Cornell University Press).

Angner, Erik (2007) *Hayek and Natural Law* (New York: Routledge).

Anievas, Alexander (2011) 'The International Political Economy of Appeasement: The Social Sources of British Foreign Policy During the 1930s', *Review of International Studies*, 37/2: 601–29.

Appiah, Kwame Anthony and Henry Louis Gates, Jr (1999) *The Dictionary of Global Culture* (Harmondsworth: Penguin).

Appleby, Joyce (2010) *The Relentless Revolution: A History of Capitalism* (New York: W. W. Norton).

Archer, Clive (2015) *International Organizations* (Abingdon: Routledge).

Archibugi, Daniele, David Held and Martin Kohler (eds) (1998) *Re-imagining Political Community* (Cambridge: Polity).

Arrighi, Giovanni (1994) *The Long Twentieth Century: Money, Power, and the Origins of our Time* (London: Verso).

Ashley, Richard K. and R. B. J. Walker (1990) 'Speaking the Language of Exile: Dissidence in International Studies', *International Studies Quarterly*, 34/3: 259–417.

Attfield, Robin (1999) *The Ethics of the Global Environment* (Edinburgh: Edinburgh University Press).

Augustine of Hippo, Saint (2003) *City of God* (Harmondsworth: Penguin).

Aydin, Cemil (2013) 'Pan-Nationalism of Pan-Islamic, Pan-Asian and Pan-

African Thought', in John Breuilly (ed.), *The Oxford Handbook of the History of Nationalism* (Oxford: Oxford University Press).

Barkawi, Tarak and Mark Laffey (2006) 'The Postcolonial Moment in Security Studies', *Review of International Studies*, 32: 329–52.

Barnett, Michael N. (2010) *The International Humanitarian Order* (Abingdon: Routledge).

Barratt Brown, Michael (1995) *Africa's Choices: After Thirty Xears of the World Bank* (Harmondsworth: Penguin).

Bauman, Zygmunt (2000) *Modernity and the Holocaust* (Ithaca, NY: Cornell University Press).

Baylis, John, Steve Smith and Patricia Owens (eds) (2014) *The Globalization of World Politics: An Introduction to International Relations* (6th edn, Oxford: Oxford University Press).

BBC News (2007) 'Key Facts: India Rising', 22 January, at http://news.bbc.co.uk/l/hi/world/south_asia/6257057.stm.

BBC News (2011) 'African Press on Reconciliation and French Role in Ivory Coast', 13 April, at www.bbc.co.uk/news/world-africa-13062740.

Beasely, Chris (1999) *What is Feminism?* (St Leonards, NSW: Allen & Unwin).

Bell, Duncan (2009) 'Introduction: Under an Empty Sky- Realism and Political Theory', in Duncan Bell (ed.), *Political Thought and International Relations: Variations on a Realist Theme* (Oxford: Oxford University Press).

Bellamy, Alex J. (2002) 'Pragmatic Solidarism and the Dilemmas of Humanitarian Intervention', *Millennium*, 31/3: 473–97.

Bellamy, Alex J. (ed.) (2005) *International Society and its Critics* (Oxford: Oxford University Press).

Benner, Erica (2009) *Machiavelli's Ethics* (Princeton: Princeton University Press).

Berger, Peter L. and Thomas Luckman (1966) *The Social Construction of Reality: A Treatise in the Sociology of Knowledge* (New York: Anchor Books).

Best, Anthony, Jussi Hanhimaki, Joseph A. Maiolo and Kirsten E. Schulze (2014) *International History of the Twentieth Century and Beyond* (3rd edn, Abingdon: Routledge).

Bischoff, Paul-Henri, Kwesi Aning and Amitav Acharya (eds) (2016) *Africa in Global International Relations: Emerging Approaches to Theory and Practice* (Abingdon: Routledge).

Bisley, Nick (2007) *Rethinking Globalization* (Basingstoke: Palgrave Macmillan).

Block, Fred and Margaret R. Somers (1984) 'Beyond the Economistic Fallacy: The Holistic Social Science of Karl Polanyi', in Theda Skocpol (ed.), *Vision and Method in Historical Sociology* (Cambridge: Cambridge University Press).

Bloomburg, Michael (2010) 'US's $13 Trillion Debt Poised to Overtake GDP',4 June, www.bloomberg.com/news/2010-06-04/u-s-s-13-trillion-debt-poised-to-overtake-weigh-down-gdp-chart-of-day.html.

Boesche, Roger (2002) *The First Great Political Realist: Kautilya and his Arthashastra* (Lanham, MD: Lexington Books).

Booth, Ken and Toni Erskine (eds) (2016) *International Theory Today* (2nd edn, Cambridge: Polity).

Borthwick, Mark (2007) *Pacific Century: The Emergence of Modern Pacific Asia* (3rd edn, Boulder, CO: Westview Press).

Boucher, David (2003) 'International Justice', in Richard Bellamy and Andrew Mason (eds), *Political Concepts* (Manchester: Manchester University Press).

Bourguignon, Frangois (2015) *The Globalization of Inequality,* trans. Thomas Scott-Railton (Princeton: Princeton University Press).

Bowker, Mike (1997) *Russian Foreign Policy and the End of the Cold War* (Aidershot: Dartmouth).

Bray, Daniel and Steven Slaughter (2015) *Global Democracy: A Critical Introduction* (Cambridge: Polity).

Broome, Andre (2014) *Issues and Actors in the Global Political Economy* (Houndmills: Palgrave Macmillan).

Brown, Chris (1999) 'History Ends, Worlds Collide', *Review of International Studies*, 25, December [special issue].

Brown, Chris (2002) 'The Normative Framework of Post-Cold War International Relations', in Stephanie Lawson (ed.), *The New Agenda for International Relations: From Polarization to Globalization in World Politics?* (Cambridge: Polity).

Browning, Christopher S. and Ben Tbnra (2010) 'Beyond the West and Towards the Anglosphere?', in Christopher Browning and Marko Lehti (eds), *The Struggle for the West: A Divided and Contested Legacy* (Abingdon: Routledge).

Buckley, Karen M. (2013) *Global Civil Society and Transversal Hegemony: The Globalization-Contestation Nexus* (Abingdon: Routledge).

Bull, Hedley (1977) *The Anarchical Society: A Study of Order in World Politics* (London: Macmillan).

Bull, Hedley (2000) 'The Grotian Conception of International Society', in Kai Alderson and Andrew Hurrell (eds), *Hedley Bull on International Society* (London: Macmillan).

Bull, Hedley and Adam Watson (eds) (1984) *The Expansion of International Society* (Oxford: Clarendon Press).

Burbank, Jane and Frederick Cooper (2010) *Empires in World History: Power and the Politics of Difference* (Princeton: Princeton University Press).

Burke, Anthony, Katrina Lee-Koo and Matt McDonald (2014) *Ethics and Global Security: A Cosmopolitan Approach* (Abingdon: Routledge).

Bush, George H. (1991) 'Address before a Joint Session of the Congress on the Cessation of the Persian Gulf Conflict', 6 March, at http://millercenter.org/president/bush/speeches/speech-3430.

Buzan, Barry (1991) *People, States and Fear* (2nd edn, London: Harvester

Wheatsheaf).

Buzan, Barry (2014) *An Introduction to the English School of International Relations: The Societal Approach* (Cambridge: Polity).

Buzan, Barry, Ole Waever and Jaap de Wilde (1998) *Security: A New Framework for Analysis* (Boulder, CO: Lynne Rienner).

Callaghan, Mike (2016) 'Reforming International Tax: Is BEPS the End of the Starting Point?', in *G20 Monitor*, no. 19, February, Lowy Institute for International Policy, pp. 34–44, http://www.lowyinstitute.org/files/chinese-2016-g20-host-year_0.pdf.

Camilleri, Joseph A. and Jim Falk (1992) *The End of Sovereignty? The Politics of a Shrinking and Fragmenting World* (Aidershot: Edward Elgar).

Caney, Simon (2015) 'Coercion, Justification, and Inequality: Defending Global Egalitarianism', *Ethics and International Affairs*, 29/3: 277–88.

Caprioli, Mary and Mark A. Boyer (2001) 'Gender, Violence and International Crisis', *Journal of Conflict Resolution,* 45/4: 503–18.

Carlsnaes, Walter, Thomas Risse and Beth A. Simmons (eds) (2013) *Handbook of International Relations* (2nd edn, London: Sage).

Carothers, Susan L. (2001) 'International History 1900–1945', in John Baylis and Steve Smith (eds), *The Globalization of World Politics: An Introduction to International Relations* (2nd edn, Oxford: Oxford University Press).

Carothers, Thomas and Richard Youngs (2015) 'The Complexities of Global Protests', Carnegie Endowment for International Peace, 8 October, http://carnegieendowment.org/2015/10/08/complexities-of-global-protests/iint.

Carr, Edward Hallett (1948) *The Twenty Years' Crisis, 1919–1939: An Introduction to the Study of International Relations* (London: Macmillan).

Cassells, Alan (1996) *Ideology and International Relations in the Modern World* (London: Routledge).

Castells, Manuel (2010) *The Power of Identity*, Vol. 2 of *The Information Age: Economy, Society, and Culture* (2nd edn, Oxford: Wiley-Blackwell).

Castells, Manuel (2015) *Networks of Outrage and Hope: Social Movements in the Internet Age* (Cambridge: Polity).

Castree, Noel (2010) 'A "Crisis", But of What?', in *Beyond Globalisation: Exploring the Limits of Globalisation in the Regional Context* (Ostrava: University of Ostrava, Czech Republic), 11–23 [conference proceedings], at http://conference.osu.eu/globalization/publ/02-castree.pdf.

Chen, Ching-Chang (2011) 'The Absence of Non-Western IR Theory Re-Considered', *International Relations of the Asia-Pacific,* 11/2: 259–78.

Christian, David (2003) 'World History in Context', *Journal of World History,* 14/4: 437–58.

Christian, David (2004) *Maps of Time: An Introduction to Big History* (Berkeley: University of California Press).

Clarke, Simon (1991) *Marx's Theory of Crisis* (New York: St Martin's Press).

Clausewitz, Carl von ([1832] 1968) *On War,* ed. Anatol Rapoport (Harmondsworth: Penguin).

Clemens, Michael A. and Todd J. Moss (2005) *Ghost of 0.7%: Origins and Relevance of the International Aid Target*, Working Paper no. 68 (Washington, DC: Center for Global Development).

Coates, David (2014) *America in the Shadow of Empires* (New York: Palgrave Macmillan).

Coggins, Bridget (2014) *Power Politics and State Formation in the Twentieth Century* (Cambridge: Cambridge University Press).

Cohen, Robin and Shirin M. Rai (2000) 'Global Social Movements: Towards a Cosmopolitan Politics', in Robin Cohen and Shirin M. Rai (eds), *Global Social Movements* (New York: Athlone Press).

Cohn, Theodore H. (2015) *Global Political Economy: Theory and Practice* (6th edn, Abingdon: Routledge).

Commager, Henry Steel (1973) *Documents of American History*, Vol. 2: *Since 1898* (9th edn, Englewood Cliffs, NJ: Prentice Hall).

Connell, R. W. (2005) *Masculinities* (2nd edn, Cambridge: Polity).

Cox, Michael (ed.) (2006) *Twentieth Century International Relations,* vols 1–8 (London: Sage).

Cox, Michael, Tim Dunne and Ken Booth (eds) (2001) *Empires, Systems and States: Great Transformations in International Politics* (Cambridge: Cambridge University Press).

Cox, Robert W. (1981) 'Social Forces, States and World Orders: Beyond International Relations Theory', *Millennium: Journal of International Studies*, 10/2: 126–55.

Cox, Robert W. (1983) 'Gramsci, Hegemony and International Relations: An Essay in Method', *Millennium: Journal of International Studies,* 12/2: 162–75.

Cox, Robert W. with Timothy Sinclair (1996) *Approaches to World Order* (Cambridge: Cambridge University Press).

Craw, Victoria (2014) 'G20 Summit Brisbane 2014: Was it all Worth It?', http://www.news.com.au/finance/economy/g20-summit-brisbane-2014-was-it-all-worth-it/news-story/115d93089d65ab349907c9e604c03a7b.

Crotty, James (2009) 'Structural Causes of the Global Financial Crisis: A Critical Assessment of the "New Financial Architecture"', *Cambridge Journal of Economics*, 33/4: 563–80.

Crutzen, Paul J. and Eugene E Stoermer (2000) 'The Anthropocene', Max Planck Institute for Chemistry IGBP Newsletter 41, May, http://www.mpic.de/en/employees/honors-and-awards/the-anthropocene.html.

Culpeper, Roy (2001) 'Systemic Reform at a Standstill: a Flock of "Gs" in Search of Global Financial Stability', in Stephany Griffith-Jones and Amar Bhattacharya (eds), *Developing Countries and the Global Financial System* (London: Commonwealth Secretariat).

Dalby, Simon (2013) 'Rethinking Geopolitics: Climate Security in the Anthropocene', *Global Policy*, 5/1: 1–9.

Dalby, Simon (2015) 'International Security in the Anthropocene', *E-International Relations*, 23 February, http://www.e-ir.info/2015/02/23/international-security-in-the-anthropocene/.

Dannreuther, Charlie and Pascal Petit (2008) 'Contemporary Capitalisms and Internationalisation: From One Diversity to Another', in Wolfram Elsner and Gerhard Hanappi (eds), *Varieties of Capitalism and New Institutional Deals: Regulation, Welfare and the New Economy* (Cheltenham: Edward Elgar).

Darby, Phillip (2004) 'Pursuing the Political: A Postcolonial Rethinking of Relations International', *Millennium: Journal of International Studies*, 33/1: 1–32.

Dave, Sachin (2015) 'India has Fourth Largest Ultra-High-Net-Worth Households: Report', *Economic Times,* 16 June, http://economictimes.indiatimes.com/news/economy/indicators/india-has-fourth-largest-ultra-high-net-worth-households-report/articleshow/47687273.cms.

Davies, William (2014) *The Limits of Neoliberalism: Authority, Sovereignty and the Logic of Competition* (London: Sage).

De Beukelaer, Christiaan, Miikka Pyykkönen and J. P. Singh (eds) (2015) *Globalization, Culture, and Development: The UNESCO Convention on Cultural Diversity* (Houndmills: Palgrave).

De Mars, William D. and Dennis Dijkzeul (eds) (2015) *The NGO Challenge for International Relations Theory* (Abingdon: Routledge).

Deng, Francis M. (1995) 'Frontiers of Sovereignty: A Framework of Protection, Assistance, and Development for the Internally Displaced', *Leiden Journal of International Law*, 8/2: 249–86.

Deutsch, Karl (1957) *Political Community and the North Atlantic Area* (Princeton, NJ: Princeton University Press).

Diehl, Paul F. and Brian Frederking (eds) (2010) *The Politics of Global Governance* (Boulder, CO: Lynne Rienner).

Dobson, Andrew (2007) *Green Political Thought* (Abingdon: Routledge).

Dower, Nigel (1998) *World Ethics: The New Agenda* (Edinburgh: Edinburgh University Press).

Drezner, Daniel W. (2014) *The System Worked: How the World Stopped Another Great Depression* (Oxford: Oxford University Press).

Drezner, Daniel W (2015) *Theories of International Politics and Zombies* (revised edn, Princeton: Princeton University Press).

Dunne, Tim (1995) 'The Social Construction of International Society', *European Journal of International Relations*, 1/3: 367–89.

Dunne, Tim (1998) *Inventing International Society: A History of the English School* (London: Macmillan).

Eckersley, Robyn (2004) *The Green State: Rethinking Democracy and Sovereignty* (Cambridge, MA: MIT Press).

Edgar, Andrew and Peter Sedgwick (eds) (1999) *Key Concepts in Cultural Theory* (London: Routledge).

Elshtain, Jean Bethke (2000) *Real Politics: At the Centre of Everyday Life* (Baltimore, MD: Johns Hopkins University Press).

Enloe, Cynthia (1989) *Bananas, Beaches and Bases: Making Feminist Sense of International Politics* (London: Pandora Press).

Eriksen, Thomas Hyland (2014) *Globalization: The Key Concepts* (2nd edn, London: Bloomsbury Academic).

European Commission (2016) 'Paris Agreement', 11 February, http://ec.europa.eu/clima/policies/international/negotiations/paris/index_en.htm.

Evans, Graham and Jeffrey Newnham (1998) *The Penguin Dictionary of International Relations* (Harmondsworth: Penguin).

Fage, J. D. and William Tordoff (2002) *A History of Africa* (London: Routledge).

Falk, Richard (1999) *Predatory Globalization: A Critique* (Cambridge: Polity).

Ferguson, Niall (2003) 'Hegemony or Empire?', *Foreign Affairs*, September/October, at www.foreignaffairs.com/articles/59200/niall-ferguson/hegemony-or-empire.

Ferguson, Yale and Richard W. Mansbach (2004) *Remapping Global Politics: History's Revenge and Future Shock* (Cambridge: Cambridge University Press).

Ferguson, Yale and Richard W. Mansbach (2008) *A World of Polities: Essays on Global Politics* (Abingdon: Routledge).

Finchelstein, Federico and Pablo Piccato (2016) 'Donald Trump May Be Showing Us the Future of Right-Wing Politics', *Washington Post*, 27 February, https://www.washingtonpost.com/news/monkey-cage/wp/2016/02/27/ donald-trump-may-be-showing-us-the-future-of-u-s-right-wing-politics/.

Fitriani, Evi (2014) *Southeast Asians and the Asia-Europe Meeting (ASEM): State's Interests and Institution's Longevity* (Singapore: Institute of Southeast Asian Studies).

Forsythe, David P. (1992) 'Democracy, War and Covert Action', *Journal of Peace Research*, 29/4: 385–95.

Forsythe, David P. (2006) *Human Rights in International Relations* (2nd edn, New York: Cambridge University Press).

Foucault, Michel (1980) *Power/Knowledge: Selected Interviews and Other Writings,* 1972/1977, ed. and trans. Colin Gordon (Brighton: Harvester).

Foucault, Michel (2003) 'Truth and Power', excerpted in Lawrence Cahoone (ed.), *From Modernism to Postmodernism: An Anthology* (2nd edn, Oxford: Blackwell).

Frankel, Benjamin (1996) 'Introduction', in Benjamin Frankel (ed.), *The Roots of Realism* (London: Frank Cass).

Fukuyama, Francis (1989) 'The End of History?', *The National Interest, 16:* 3–18.

Fund for Peace (2015) 'Fragile States Index 2015', http://fsi.fundforpeace.org/.

Gamble, Andrew (2010) 'Ethics and Politics', in Duncan Bell (ed.), *Ethics and World Politics* (Oxford: Oxford University Press), 73–92.

Garner, Robert, Peter Ferdinand and Stephanie Lawson (2016) *Introduction to*

Politics (3rd edn, Oxford: Oxford University Press).

Gellner, Ernest (1986) *Nations and Nationalism* (Oxford: Blackwell).

George, Alexander (ed.) (1991) *Western State Terrorism* (Cambridge: Polity).

George, Jim (1994) *Discourses of Global Politics: A Critical (Re)Introduction to International Relations* (Boulder, CO: Lynne Rienner).

Giddens, Anthony (2003) *Runaway World: How Globalization is Shaping our Lives* (New York: Routledge).

Giddens, Anthony (2013) *The Consequences of Modernity* (Stanford, CA: Stanford University Press).

Gillings, Michael R. and Elizabeth L. Hagan Lawson (2014) 'The Cost of Living in the Anthropocene', *Earth Perspectives*, 1/2: 1–11.

Global Research (2013) 'Non-Muslims Carried Out More Than 90% of All Terrorist Attacks in America',1 May, http://www.globalresearch.ca/non-muslims-carried-out -more-than-90-of-all-terrorist-attacks-in-america/5333619.

Global Security. Org (2016) 'Congo Civil War', http://www.globalsecurity.org/military/world/war/congo. htm.

Goldstein, Joshua S. (2001) *War and Gender: How Gender Shapes the War System and Vice-Versa* (Cambridge: Cambridge University Press).

Gong, Gerrit W. (1984) *The Standard of 'Civilization' in International Society* (Oxford: Clarendon Press).

Government of India, Ministry of External Affairs (2012) 'History and Evolution of Non-Aligned Movement', 22 August, http://mea.gov.in/outoging-visit-detail.htm?20349/History+and+Evolution+of+NonAligned+Movement.

Greer, Scott (2013) 'Structural Adjustment Comes to Europe: Lessons for the Eurozone from the Conditionality Debate', Social Science Research Network, 1 February, http://papers.ssrn.com/sol3/papers.cfm?abstract_id=2214866.

Griffiths, Martin and Terry O'Callaghan (2002) *International Relations: The Key Concepts* (London: Routledge).

Grotius, Hugo ([1625] 2009) *Grotius on the Rights of War and Peace,* trans.

William Whewell (Clark, NJ: Lawbook Exchange).

Grunebaum, Gustave E. von (1953) *Medieval Islam* (Chicago: University of Chicago Press).

Guiora, Amos N. (2011) "Intervention in Libya, Yes, Intervention in Syria, No', *Case Western Reserve Journal of International Law,* 44/1: 251–76.

Hall, Ian (ed.) (2015) *Radicals and Reactionaries in Twentieth Century International Thought* (New York: Palgrave).

Hall, John A. (ed.) (1986) *States in History* (Oxford: Blackwell).

Hall, Stuart (1996) 'Introduction', in Stuart Hall, David Held, Don Hubert and Kenneth Thompson (eds), *Modernity: An Introduction to Modern Societies* (Oxford: Blackwell).

Halperin, Sandra (2004) *War and Social Change in Modern Europe: The Great Transformation Revisited* (Cambridge: Cambridge University Press).

Hansen, Lene (2001) 'Gender, Nation, Rape', *International Feminist Journal of Politics,* 3/1: 55–75.

Harcourt, G. C. (ed.) (2006) *The Structure of Post-Keynesian Economics: The Core Contributions of the Pioneers* (Cambridge: Cambridge University Press).

Harris, Peter (2016) 'How to Live in a Multipolar World', *The National Interest* (online version), Jan/Feb, http://nationalinterest.org/feature/how-live-multipolar-world-14787.

Held, David (2010) *Cosmopolitanism: Ideas and Reality* (Cambridge: Polity).

Helman, Gerald B. and Steven R. Ratner (1992–3) 'Saving Failed States', *Foreign Policy,* 89: 3–20.

Henderson, Errol A. (2015) *African Realism? International Relations Theory and Africa's Wars in the Post-Colonial Period* (Lanham, MD: Rowman & Littlefield).

Hendricks, Cheryl (2011) *Gender and Security in Africa,* Discussion Paper 63 (Uppsala: Nordiska Afrikainstitutet).

Herbst, Jeffrey Ira (2000) *States and Power in Africa: Comparative Lessons in Authority and Control* (Princeton, NJ: Princeton University Press).

Herz, John H. (1950) 'Idealist Internationalism and the Security Dilemma', *World Politics,* 2/2: 157–80.

Hess, Peter N. (2013) *Economic Growth and Sustainable Development* (Abingdon: Routledge).

Hintzen, Percy C. (2014) 'After Modernization: Globalization and the African Dilemma', in Peter J. Bloom, Stephan E Meischer and Takywaa Manuh (eds), *Modernization as Spectacle in Africa* (Bloomington: Indiana University Press).

Hirst, Paul and Grahame Thompson (1999) *Globalization in Question: The International Economy and the Possibilities of Governance* (2nd edn, Cambridge: Polity).

Hobbes, Thomas ([1651] 1985) *Leviathan* (Harmondsworth: Penguin).

Hobbs, Heidi H. (2000) 'Postinternationalism in Perspective', in Heidi Hobbs (ed.), *Pondering Postinternationalism: A Paradigm for the Twenty-First Century?* (Albany, NY: State University of New York Press).

Hobson, John (2012) *The Eurocentric Conception of World Politics: Western International Theory, 1760–2010* (Cambridge: Cambridge University Press).

Holton, Robert J. (1998) *Globalization and the Nation-State* (Basingstoke: Macmillan).

Hough, Peter, Shahin Malik, Andrew Moran and Bruce Pilbeam (2015) *International Security Studies: Theory and Practice* (Abingdon: Routledge).

Howard, Michael (1983) *Clausewitz* (Oxford: Oxford University Press).

Howard, Michael C. and John E. King (1985) *The Political Economy of Karl Marx* (2nd edn, Harlow: Longman).

Humphrey, Mathew (2010) 'Green Political Theory', in Duncan Bell (ed.), *Ethics and World Politics* (Oxford: Oxford University Press).

Huntington, Samuel P. (1993) 'The Clash of Civilizations?', *Foreign Affairs,*

72/3: 22–49.

IBC (Iraq Body Count) (2016) https://www.iraqbodycount.org/.

ICIDI (Independent Commission on International Development Issues) (1980) *North-South: A Programme for Survival* (London: Pan Books).

ICISS (International Commission on Intervention and State Sovereignty) (2001) *The Responsibility to Protect*, at http://responsibilitytoprotect.org/ICISS%20Report.pdf.

Institute for Inclusive Security (2015) 'Harnessing the Power of Women in Peacemaking', 10 August, https://www.inclusivesecurity.org/hamessing-the-power -of-women-in-peacemaking/.

International Institute of Strategic Studies (2015) 'Armed Conflict Survey 2015 Press Statement', https://www.iiss.org/en/about%20us/press%20room/press%20 releases/press%20releases/archive/2015 -4fe9/may-6219/armed-conflict-survey -2015 -press-statement-a0be.

International Organization for Migration (2015) *World Migration Report 2015,* Geneva, http://publications.iom.int/system/files/wmr2015_en.pdf.

Iwabuchi, Koichi (2002) *Recentering Globalization: Popular Culture and Japanese Transnationalism* (Durham, NC: Duke University Press).

Jackson, Robert (2003) *The Global Covenant: Human Conduct in a World of States* (Oxford: Oxford University Press).

Jackson, Robert and Georg Sorensen (2007) *Introduction to International Relations* (3rd edn, Oxford: Oxford University Press).

Johnstone, Chris (c.2000) 'What is Deep Ecology?', www.rainforestinfo.org.au/deep-eco/johnston.htm.

Jones, Andrew (ed.) (2010) *Globalization: Key Thinkers* (Cambridge: Polity).

Kaldor, Mary (2003) *Global Civil Society: An Answer to War* (Cambridge: Polity).

Kaldor, Mary (2012) *New and Old Wars: Organized Violence in a Global Era* (3rd edn, Cambridge: Polity).

Kaldor, Mary and Iavor Rangelov (eds) (2014) *The Handbook of Global Security Policy* (Chichester: Wiley Blackwell).

Kaplan, Robert D. (1994) 'The Coming Anarchy', *Atlantic Monthly*, 273/2: 44–76.

Karstedt, Susanne (2011) 'Exit the State: Globalisation, State Failure and Crime', in David Nelken (ed.), *Comparative Criminal Justice and Globalisation* (Farnham: Ashgate).

Katzenstein, Peter J., Ronald J. Jepperson and Alexander Wendt (1996) 'Norms, Identity, and Culture in National Security', in Peter J. Katzenstein (ed.), *The Culture of National Security* (New York: Columbia University Press).

Kay, Sean (2015) *Global Security in the Twenty-First Century: The Quest for Power and the Search for Peace* (3rd edn, Lanham, MD: Rowman & Littlefield).

Kegley, Charles W. and Shannon L. Blanton (2015) *World Politics: Trend and Transformation* (Boston, MA: Cengage Learning).

Kennedy, Paul (1988) *The Rise and Fall of the Great Powers* (London: Fontana).

Kenny, Anthony (1985) *The Logic of Deterrence* (London: Firethorn Press).

Keohane, Robert O. and Joseph S. Nye (1977) *Power and Interdependence: World Politics in Transition* (Boston, MA: Little, Brown).

Keylor, William R. (1996) *The Twentieth-Century World: An International History* (New York and Oxford: Oxford University Press).

Keynes, John Maynard ([1936] 2006) *The General Theory of Employment, Interest and Money,* intro. R. H. Ghosh (New Delhi: Atlantic).

Khor, Martin (2014) 'G77 Summit Celebrates the Group's 50th Anniversary', *South News,* no. 54, 16 June, http://us5.campaign-archivel.com/?u=fa9cf38799136b5660f367ba6&id=67cld87108.

Kilminster, Richard (1997) 'Globalization as an Emergent Concept', in Alan Scott (ed.), *The Limits of Globalization: Cases and Arguments* (London: Routledge).

King, Preston (1999) *The Ideology of Order: A Comparative Analysis of Jean Bodin and Thomas Hobbes* (2nd edn, London: Frank Cass).

Kingah, Stephen and Cintia Quilliconi (2016) 'Introduction: The BRICS in Regional and Global Governance', in Stephen Kingah and Cintia Quilliconi (eds), *Global and Regional Leadership of BRICS Countries* (New York: Springer).

Krauthammer, Charles (1990/1991) 'The Unipolar Moment', *Foreign Affairs*, 70/1: 23–33.

Krauthammer, Charles (2002/2003) 'The Unipolar Moment Revisited', *The National Interest*, 70: 5–17.

Krippendorff, E. (1982) *International Relations as a Social Science* (Brighton: Harvester).

Kuwali, Dan (2015) 'Acquisition of Autonomy: Application of the Right to Self-Determination in Africa', in Redie Bereketeab (ed.), *Self-Determination and Secession in Africa: The Post-Colonial State* (Abingdon: Routledge).

LaFreniere, Gilbert F. (2008) *The Decline of Nature: Environmental History and the Western Worldview* (Palo Alto, CA: Academica).

Lane, Jan-Erik (2006) *Globalization and Politics: Promises and Dangers* (Aldershot: Ashgate).

Langlois, Anthony (2009) 'Human Rights Universalism', in Patrick Hayden (ed.), *The Ashgate Research Companion to Ethics and International Relations* (Farnham: Ashgate).

Lau, D. C. (trans. and intro.) (1970) *Mencius* (Harmondsworth: Penguin).

Lau, D. C. (trans. and intro.) (1979) *Confucius: The Analects* (Harmondsworth: Penguin).

Laub, Zachary (2014) 'The Group of Eight (G8) Industrial Nations', Council on Foreign Relations (US), 3 March, http://www.cfr.org/international-organizations-and-alliances/group-eight-g8-industrialized-nations/p10647.

Lawson, Stephanie (1995) 'Introduction: Activating the Agenda', in Stephanie

Lawson (ed.), *The New Agenda for Global Security: Cooperating for Peace and Beyond* (St Leonards, NSW: Allen & Unwin).

Lawson, Stephanie (1998) 'The Culture of Politics', in Richard Maidment and Colin Mackerras (eds), *Culture and Society in the Asia-Pacific* (London: Routledge).

Lawson, Stephanie (ed.) (2002) *The New Agenda for International Relations: From Polarization to Globalization in World Politics?* (Cambridge: Polity).

Lawson, Stephanie (2005) 'Regional Integration, Development and Social Change in the Asia-Pacific: Implications for Human Security and State Responsibility', *Global Change, Peace and Security,* 17/2: 107–22.

Lawson, Stephanie (2006) *Culture and Context in World Politics* (Basingstoke: Palgrave Macmillan).

Lawson, Stephanie (2009) 'Asia/Europe and the Construction of Regional Governance', in Nicholas Thomas (ed.), *Regional Governance in the Asia-Pacific* (London: Routledge).

Lawson, Stephanie (2011) 'Nationalism and Culture in a Globalizing World', in Daphne Halikiopoulou and Sofia Vasilopoulou (eds), *Nationalism and Globalisation* (Abingdon: Routledge).

Lawson, Stephanie (2015) *Theories of International Relations: Contending Approaches to World Politics* (Cambridge: Polity).

Lawson, Stephanie and Seiko Tannaka (2011) 'War Memories and Japan's "Normalization" as an International Actor: A Critical Analysis', *European Journal of International Relations,* 17/3: 405–28.

Lemert, Charles, Anthony Elliott, Daniel Chaffee and Eric Hsu (eds) (2010) *Globalization: A Reader* (Abingdon: Routledge).

Lenin, V. I. (1934) *Imperialism: The Highest Stage of Capitalism: A Popular Outline* (London: Martin Lawrence).

Leone, Mark P. and Jocelyn R. Knauf (2015) 'Introduction to *Historical Archaeologies of Capitalism*', in Mark P. Leone and Jocelyn R. Knauf (eds),

Historical Archaeologies of Capitalism (Dordrecht: Springer).

Levine, Philippa (2013) *The British Empire: Sunrise to Sunset* (2nd edn, Abingdon: Routledge).

Li, Rex (2009) *A Rising China and Security in East Asia: Identity Construction and Security Discourse* (Abingdon: Routledge).

Linklater, Andrew (1996) 'The Achievements of Critical Theory', in Steve Smith, Ken Booth and Marysia Zalewski (eds), *International Theory: Positivism and Beyond* (Cambridge: Cambridge University Press).

Linklater, Andrew (1998) *The Transformation of Political Community* (Cambridge: Polity).

Linklater, Andrew and Hidemi Suganami (2006) *The English School of International Relations: A Contemporary Reassessment* (Cambridge: Cambridge University Press).

Lorentzen, Lois Ann and Jennifer Turpin (eds) (1998) *The Women and War Reader* (New York: New York University Press).

Lyotard, Jean-François (1993) 'The Postmodern Condition', excerpted in Joseph Natoli and Linda Hutcheon (eds), *A Postmodern Reader* (Albany, NY: State University of New York Press), 71–90.

McCorquodale, Robert (1996) 'Human Rights and Self-Determination', in Mortimer Sellers (ed.), *The New World Order: Sovereignty, Human Rights and the Self-Determination of Peoples* (Oxford: Berg).

McDonald, Hugh P. (2014) *Environmental Philosophy: A Revaluation of Cosmopolitan Ethics from an Ecocentric Standpoint* (Amsterdam: Rodopi).

McGowan, Patrick J., Scarlett Cornelissen and Philip Nel (2007) *Power, Wealth and Global Equity: An International Relations Textbook for Africa* (3rd edn, Lansdowne: University of Cape Town Press).

Machiavelli, Niccolò ([1532] 2003) *The Prince* (Harmondsworth: Penguin).

Magnusson, Lars (2015) *The Political Economy of Mercantilism* (Abingdon: Routledge).

Make Poverty History Campaign (2010) 'G8 Leaders Offer Little and Fail to Hold Themselves Accountable', 26 June, www.makepovertyhistory.ca/story/g8-leaders-offer-little-and-fail-to-hold-themselves-accountable.

Malmgren, Harald B. (1983) 'Threats to the Multilateral System', in William R. Cline (ed.), *Trade Policy in the 1980s* (Washington, DC: Institute for International Economics).

Malthus, Thomas Robert ([1798] 2007) *An Essay on the Principle of Population*, Vol. 1 (New York: Cosimo).

Manela, Erez (2007) *The Wilsonian Moment: Self-Determination and the International Origins of Anticolonial Nationalism* (New York: Oxford University Press).

Mann, Michael (1986) *The Sources of Social Power*, Vol. 1: *A History of Power from the Beginning to AD 1760* (Cambridge: Cambridge University Press).

Mansbach, Richard and Kirsten L. Rafferty (2012) *Introduction to Global Politics* (Abingdon: Routledge).

Marx, Karl (1973) *Grundisse: Foundations of the Critique of Political Economy* (Harmondsworth: Penguin).

Marx, Karl and Friedrich Engels (2002) *The Communist Manifesto*, ed. Gareth Stedman Jones (Harmondsworth: Penguin).

Marx, Karl and Friedrich Engels (2009) *Manifesto of the Communist Party*, http://www.lenin.org/archive/marx/works/download/pdf/Manifesto.pdf.

Medema, Steven G. (2003) 'The Economic Role of Government in the History of Economic Thought', in Warren J. Samuels, Jeff Biddle and John Bryan Davis (eds), *A Companion to the History of Economic Thought* (Oxford: Blackwell).

Medema, Steven G. and Warren J. Samuels (eds) (2013) *The History of Economic Thought: A Reader* (2nd edn, Abingdon: Routledge).

Melluish, Greg (2002) 'The State in World History: Perspectives and Problems', *Australian Journal of Politics & History*, 48/3: 322–35.

Messerschmidt, James W. (2016) *Masculinities in the Making: From the Local to the Global* (Lanham, MD: Rowman & Littlefield).

Migdal, Joel (1998) 'Why Do So Many States Stay Intact?', in Peter Dauvergne (ed.), *Weak and Strong States in Asia-Pacific Societies* (St Leonards, NSW: Allen & Unwin).

Mill, John Stuart ([1848] 1994) *Principles of Political Economy* (Oxford: Oxford University Press).

Minsky, Hyman P. (2008) *John Maynard Keynes* (rev. edn, New York: McGraw-Hill).

Mokyr, Joel (2007) 'The European Enlightenment, The Industrial Revolution, and Modern Economic Growth', Max Weber Lecture Series MWP-LS 2007/07 (Florence: European University Institute).

Mooney, Chris (2015) 'Why the Paris Agreement Could Be the Beginning of the End for Global Warming Denial', *Washington Post,* 18 December, https://www.washingtonpost.com/news/energy-environment/wp/2015/12/18/why-paris-could-mark-the-beginning-of-the-end-for-global-warming-denial/.

Moreno, Dario (2000) 'The Limits of Sovereignty in a Bifurcated World', in Heidi Hobbs (ed.), *Pondering Postinternationalism: A Paradigm for the Twenty-First Century?* (Albany, NY: State University of New York Press).

Morgenthau, Hans J. (1948) *Politics among Nations: The Struggle for Power and Peace* (New York: Alfred A. Knopf).

Morrall, John B. (1960) *Political Thought in Medieval Times* (2nd edn, London: Hutchinson).

Morris, Rosalind C. (ed.) (2010) *Can the Subaltern Speak? Reflections on the History of an Idea* (New York: Columbia University Press).

Murray, Warwick E. (2006) *Geographies of Globalization* (Abingdon: Routledge).

Nair, Sheila (2007) 'Introduction: Forum: Edward W. Said and International Relations', *Millennium: Journal of International Studies,* 36/1: 77–82.

Nakano, Takeshi (2006) 'A Critique of Held's Cosmopolitan Democracy',

Contemporary Political Theory, 5/1: 33–51.

National Geographic (2010) 'Mumbai, India', at http://travel.nationalgeographic.com/travel/city-guides/mumbai-india/.

Ndlovu-Gatsheni, Sabelo J. and Brilliant Mhlanga (eds) (2013) *Bondage of Boundaries and Identity Politics in Postcolonial Africa* (Pretoria: Africa Institute of South Africa).

New York Times (2016) 'Global Trade After the Failure of the Doha Round' (editorial), 1 January, http://www.nytimes.com/2016/01/01/opinion/global-trade-after-the-failure-of-the-doha-round.html?_r=0.

Newman, Alex (2015) 'Congressman Mike Rogers Introduces Bill to Get US out of UN', *New American,* 12 June, http://www.thenewamerican.com/usnews/congress/item/21058-congressman-mike-rogers-introduces-bill-to-get-u-s-out-of-un.

Northrop, Douglas (ed.) (2014) *A Companion to World History* (Oxford: Wiley Blackwell).

Nye, Joseph S. (2000) *Understanding International Conflicts: An Introduction to Theory and History* (3rd edn, New York: Longman).

Obendorf, Simon (2016) 'Dangerous Relations? Lessons from the Interface of Postcolonialism and International Relations', in Anna Bernard, Ziad Elmarsafy and Stuart Murray (eds), *What Postcolonial Theory Doesn't Say* (New York: Routledge).

O'Connor, D. (2006) *Encyclopedia of the Global Economy: A Guide for Students and Researchers* (Westport, CT: Greenwood Press).

OECD (Organization for Economic Cooperation and Development) (2014) 'Net Official Development Assistance From DAC and Other Donors in 2014', http://www.oecd.org/dac/stats/documentupload/ODA%202014%20Tables%20and%20Charts.pdf.

OECD (Organization for Economic Cooperation and Development) (2015) *States of Fragility 2015: Meeting Post-2015 Ambitions* (OECD Publishing: Paris).

OECD (Organization for Economic Cooperation and Development) (2016) 'OECD and Enlargement', http://www.oecd.org/about/membersandpartners/enlargement.htm.

Ogot, B. A. (ed.) (1999) *Africa from the Sixteenth to the Eighteenth Centuries,* vol. 5 of *General History of Africa* (abridged) (Paris and Berkeley: UNESCO and University of California Press).

Ohmae, Kenichi (1993) 'The Rise of the Region State', *Foreign Affairs,* 72: 78–87.

Olimat, Muhamad S. (2013) *China and the Middle East: From Silk Road to Arab Spring* (Abingdon: Routledge).

Onuf, Nicholas Greenwood (1989) *World of Our Making: Rules and Rule in Social Theory and International Relations* (Columbia, SC: University of South Carolina Press).

Orford, Anne (2003) *Reading Humanitarian Intervention: Human Rights and the Use of Force in International Law* (Cambridge: Cambridge University Press).

Ortmann, Stephan and Mark R. Thompson (2016) 'China and the Singapore Model', *Journal of Democracy,* 27/1: 39–48.

Osiander, Andreas (2001) 'Sovereignty, International Relations, and the Westphalian Myth', *International Organization,* 55/2: 251–88.

Panitch, Leo (2002) 'The Impoverishment of State Theory', in Stanley Aronowitz and Peter Bratsis (eds), *Paradigm Lost: State Theory Reconsidered* (Minneapolis: University of Minnesota Press).

Patman, Robert G. (2010) *Strategic Shortfall: The Somalia Syndrome and the March to 9/11* (Westport, CT: Praeger).

Pauly, Louis W. (2008) 'The Political Economy of Global Financial Crises', in John Ravenhill (ed.), *Global Political Economy* (2nd edn, Oxford: Oxford University Press).

Peoples, Columba and Nick Vaughan-Williams (2015) *Critical Security Studies: An Introduction* (2nd edn, London: Routledge).

Peters, Lawrence (2015) *The United Nations: History and Core Ideas* (New York: Palgrave Macmillan).

Radelet, Steven and Jeffrey Sachs (2000) 'The Onset of the East Asian Financial Crisis', in Paul R. Krugman (ed.), *Currency Crises* (Chicago: University of Chicago Press).

Raffer, Kunibert and H. W. Singer (2001) *The Economic North-South Divide: Six Decades of Unequal Development* (Cheltenham: Edward Elgar).

Ravenhill, John (ed.) (2014), *Global Political Economy* (4th edn, Oxford: Oxford University Press).

Reus-Smit, Christian (1999) *The Moral Purpose of the State: Culture, Social Identity, and Institutional Rationality in International Relations* (Princeton, NJ: Princeton University Press).

Rhodes, Carolyn (2000) *Pivotal Decisions: Selected Cases in Twentieth Century International Politics* (Fort Worth: Harcourt College Publishers).

Richardson, James L. (2001) *Contending Liberalisms in World Politics* (Boulder, CO: Lynne Rienner).

Roach, Steven C., Martin Griffiths and Terry O'Callaghan (2014), *International Relations: The Key Concepts* (3rd edn, Abingdon: Routledge).

Robinson, Piers (1999) 'The CNN Effect: Can the News Media Drive Foreign Policy?', *Review of International Studies*, 25/2: 301–309.

Rogers, Damien (2009) *Postinternationalism and Small Arms Control: Theory, Politics, Security* (Farnham: Ashgate).

Rösch, Felix (2015) *Power, Knowledge and Dissent in Morgenthau's Worldview* (New York: Palgrave Macmillan).

Rosenau, James N. (1990) *Turbulence in World Politics: A Theory of Change and Continuity* (New York: Harvester Wheatsheaf).

Rosser, Andrew (2006) *The Political Economy of the Resource Curse,* Working Paper no. 268 (Brighton: University of Sussex, Institute of Development Studies).

Rousseau, Jean-Jacques ([1762] 2008) *The Social Contract* (New York: Cosimo).

RT News (2014) 'Leaked CIA Docs Teach Operatives How to Infiltrate EU', 21 December, https://www.rt.com/news/216511-wikileaks-cia-travel-advice/.

Ruggie, John Gerard (1982) 'International Regimes, Transactions and Change: Embedded Liberalism in the Postwar Economic Order', *International Organization,* 38/2: 379–415.

Ruggie, John Gerard (2008) 'Taking Embedded Liberalism Global: The Corporate Connection', in John Gerard Ruggie (ed.), *Embedding Global Markets: An Enduring Challenge* (Aidershot: Ashgate).

Rummel, R. J. (1997) *Death by Government* (New Brunswick, NJ: Transaction Books).

Russett, Bruce (1993) *Grasping the Democratic Peace: Principles for a Post-Cold War World* (Princeton, NJ: Princeton University Press).

Ryan, Alan (2013) *On Politics: A History of Political Thought from Herodotus to the Present* (London: Penguin).

Said, Edward (1978) *Orientalism: Western Conceptions of the Orient* (Harmondsworth: Penguin).

Sargent, Lyman Tower (1999) *Contemporary Political Ideologies: A Comparative Analysis* (11th edn, Fort Worth, TX: Harcourt Brace).

Scherle, Nikolai (2014) 'The Incarnation of Personalised Mobility in the Global Age? Reflections on the Concept of Cosmopolitanism', in Eric Sucky, Jan Werner, Reinhard Kolke and Niels Biethahn (eds), *Mobility in a Globalised World 2013* (Bamberg: University of Bamberg Press).

Scholte, Jan Aart (2001) 'Global Trade and Finance', in John Baylis and Steve Smith (eds), *The Globalization of World Politics: An Introduction to International Relations* (2nd edn, Oxford: Oxford University Press).

Schroeder, Paul (2003) 'Is the US an Empire?', *History News Network,* 10 February, at http://hnn.us/articles/1237.html.

Scott, Alan (1997) 'Introduction: Globalization: Social Process or Political

Rhetoric?', in Alan Scott (ed.), *The Limits of Globalization: Cases and Arguments* (London: Routledge).

Scott, Bruce R. (2009) *The Concept of Capitalism* (Heidelberg: Springer).

Scott, Shirley V. (2010) *International Law in World Politics: An Introduction* (2nd edn, Boulder, CO: Lynne Rienner).

Sen, Amartya (2008) 'Violence, Identity, Poverty', *Journal of Peace Research*, 45/1: 5–15.

Shaw, Martin (2003) 'The State of Globalization: Towards a Theory of State Transformation', in Neil Brenner, Bob Jessop, Martin Jones and Gordon MacLeod (eds), *State/Space: A Reader* (Oxford: Blackwell).

Shilliam, Robbie (ed.) (2011) *International Relations and Non-Western Thought: Imperialism, Colonialism and Investigations of Global Modernity* (Abingdon: Routledge).

Shimko, Keith L. (2016) *International Relations: Perspectives, Controversies and Readings* (5th edn, Boston, MA: Cengage Learning).

Sim, Stuart (2005) 'Postmodernism and Philosophy', in Stuart Sim (ed.), *The Routledge Companion to Postmodernism* (London: Routledge).

Singleton, Brent D. (2004) 'African Bibliophiles: Books and Libraries in Medieval Timbuktu', *Libraries and Culture,* 39/1: 1–12.

Sjoberg, Laura (2006) *Gender, Justice and the Wars in Iraq: A Feminist Reformulation of Just War Theory* (Lanham, MD: Rowman & Littlefield).

Smith, Adam ([1776] 2009) *The Wealth of Nations* (Lawrence, KS: Digireads.com/Neeland Media).

Smith, Anthony (2001) *Nationalism* (Cambridge: Polity).

Smith, Jackie (2008) *Global Movements for Social Democracy* (Baltimore: Johns Hopkins University Press).

Smith, Jason Scott (2006) *Building New Deal Liberalism: The Political Economy of Public Works, 1933–1956* (Cambridge: Cambridge University Press).

Smith, Paul J. (2015) *The Terrorism Ahead: Confronting Transnational Violence in the Twenty-First Century* (Abingdon: Routledge).

Sobek, David (2010) 'Masters of their Domain: The Role of State Capacity in Civil Wars', *Journal of Peace Research,* 47/3: 267–71.

Söderbaum, Fredrik (2016) *Rethinking Regionalism* (London: Palgrave Macmillan).

Sondhaus, Lawrence (2011) *World War One: The Global Revolution* (Cambridge: Cambridge University Press).

Spegele, Roger D. (2014) *Emancipatory International Relations: Critical Thinking in International Relations* (Abingdon: Routledge).

Spellman, John W. (1964) *Political Theory of Ancient India* (Oxford: Clarendon Press).

Statistics Times (2015) 'World GDP (PPP) Ranking', 23 April, http://statistics-times.com/economy/world-gdp-ranking-ppp.php.

Stead, Jean Garner and W. Edward Stead (2009) *Management for a Small Planet* (3rd edn, Armonk, NY: M. E. Sharpe).

Stein, Aaron (2016) 'The Syrian Civil War Has Become a Perpetual Conflict', Al Jazeera, 14 February, http://www.aljazeera.com/indepth/opinion/2016/02/syrian-civil-war-perpetual-conflict-isis-turkey-160214080754073.html.

Stern, Geoffrey (2000) *The Structure of International Society* (London: Pinter).

Stevens, Tim (2016) *Cyber Security and the Politics of Time* (Cambridge: Cambridge University Press).

Strange, Susan (1994) *States and Markets* (2nd edn, London: Continuum).

Suganami, Hidemi (1978) 'A Note on the Origin of the Word "International"', *British Journal of International Studies,* 4/3: 226–32.

Swatuk, Larry A. and Peter Vale (2001) ' "IR Theory, I Presume": An Introduction', in Peter Vale, Larry A. Swatuk and Bertil Odén (eds), *Theory, Change, and Southern Africa's Future* (Basingstoke: Palgrave).

Tan, See Seng (2016) 'The "Singapore School" of Asian Values: Down But Not Out?', Global Ethics Network/Carnegie Council for Ethics in International

Affairs, 26 January, http://www.carnegiecouncil.org/publications/articles_papers_reports/762.

Taylor, Ian (2003) 'The United Nations Conference on Trade and Development', *New Political Economy,* 8/3: 409–18.

Teschke, Benno (2003) *The Myth of 1648: Class, Geopolitics and the Making of Modern International Relations* (London: Verso).

Thucydides (1972) *History of the Peloponnesian War* (Harmondsworth: Penguin).

Tickner, Arlene and David L. Blaney (eds) (2012) *Thinking International Relations Differently: Worlding Beyond the West* (Abingdon: Routledge).

Tickner, J. Ann (1992) *Gender in International Relations: Feminist Perspectives on Achieving Global Security* (New York: Columbia University Press).

Tietze, Tad and Elizabeth Humphrys (2015) 'Anti-Politics and the Illusions of Neoliberalism', *Oxford Left Review,* 12 February, https://oxfordleftreview.com/olr-issue-14/tad-tietze-and-elizabeth-humphreys-anti-politics-and-the-illusions-of-neoliberalism/.

Tilly, Charles and Lesley J. Wood (2016) *Social Movements, 1768–2012* (Abingdon: Routledge).

Tonnaer, Esther (2013) 'The State as a Key Driver of Economic Globalization', *GW Post,* February, https://thegwpost.files.wordpress.com/2013/02/the-state-as-a-key-driver-of-economic-globalization-tonnaer-2013.pdf.

Trautmann, Tom (2016) *Arthasastra: The Science of Wealth* (London: Penguin).

True, Jacquie (1996) 'Feminism', in Scott Burchill, Andrew Linklater, Richard Devetak, Matthew Paterson and Jacqui True, *Theories of International Relations* (London: Macmillan).

Turner, Bryan S. and Robert J. Holton (2016) 'Theories of Globalization: Issues and Origins', in Bryan S. Turner and Robert J. Holton (eds), *The Routledge International Handbook of Globalization Studies* (2nd edn, Abingdon: Routledge).

Ukpere, Wilfred I. (2014) 'Globalization and the End of a Single Orthodoxy', *Mediterranean Journal of Social Sciences,* 5/3: 158–69.

UNDP (United Nations Development Programme) (1994) *Human Development Report 1994* (New York: Oxford University Press).

UNDP (United Nations Development Programme) (2009) *Human Development Report 2009,* at http://hdr.undp.org/en/media/HDR_2009_EN_Summary.pdf.

UNDP (United Nations Development Programme) (2015) *Human Development Report 2015: Overview,* http://hdr.undp.org/sites/default/files/hdrl5_ standalone _overview_en.pdf.

UNHCR (United Nations High Commissioner for Refugees) (2015) 'Worldwide Displacement Hits All-time High as War and Persecution Increase', 18 June, http://www.unhcr.org/558193 896. html.

UNHCR (United Nations High Commissioner for Refugees) (2016) 'Syrian Regional Refugee Response: Inter-Agency Information Sharing Portal', 15 February, http://data.unhcr.org/syrianrefugees/regional.php.

United Nations International Criminal Tribunal for the Former Yugoslavia (2016) Mladić (IT-09-92), http://www.icty.org/case/mladic/4.

UN Security Council (2008) Resolution 1820,19 June, http://www.securitycouncil report.org/atf/cf/%7B65BFCF9B-6D27-4E9C-8CD3-CF6E4FF96FF9%7D/ CAC%20S%20RES%201820.pdf.

UN Statistics Division (2015) 'The World's Women 2015', http://unstats.un.org/ unsd/gender/InNews. html.

Van der Pijl, Klees (2007) *Nomads, Empires, States: Modes of Foreign Relations and Political Economy* (London: Pluto Press).

Vincent, Andrew (2003) 'Green Political Theory', in Richard Bellamy and Andrew Mason (eds), *Political Concepts* (Manchester: Manchester University Press).

Vucetic, Srdjan (2011) *The Anglosphere: A Genealogy of a Racialized Identity in International Relations* (Stanford: Stanford University Press).

Wade, Robert and Jakob Vestergaard (2010) 'Overhaul the G-20 for the Sake of the G-172', *Financial Times,* 21 October, http://www.ft.com/intl/cms/s/0/a2ab4716-dd45-11df-9236-00144feabdc0.html#axzz49S26cH38.

Walker, R. B. J. (1995) 'From International Relations to World Politics', in Joseph A. Camilleri, Anthony P. Jarvis and Albert J. Paolini (eds), *The State in Transition: Reimagining Political Space* (Boulder, CO: Lynne Rienner).

Wall, Katherine (2012) 'The End of the Welfare State? How Globalization is Affecting State Sovereignty', *Global Policy,* 17 August, http://www.globalpolicy journal.com/blog/17/08/2012/end-welfare-state-how-globalization-affecting -state-sovereignty-0.

Wallerstein, Immanuel (1976) *The Modern World-System: Capitalist Agriculture and the Origins of the European World-Economy in the Sixteenth Century* (New York: Academic Press).

Wallerstein, Immanuel (2006) 'The Rise and Future Demise of the World Capitalist System: Concepts for Comparative Analysis', in Richard Little and Michael Smith (eds), *Perspectives on World Politics* (3rd edn, Abingdon: Routledge).

Walters, Margaret (2005) *Feminism: A Very Short Introduction* (Oxford: Oxford University Press).

Waltz, Kenneth N. (1959) *Man, the State and War* (New York: Columbia University Press).

Waltz, Kenneth N. (1979) *Theory of International Politics* (Reading, MA: Addison-Wesley).

Wang, Hung-Jen (2013) *The Rise of China and Chinese International Relations Scholarship* (Lanham, MD: Lexington Books).

Weiss, Thomas G. and Rorden Wilkinson (2014) 'Rethinking Global Governance: Complexity, Authority, Power, Change', *International Studies Quarterly,* 58/1: 207–15.

Wendt, Alexander (1992) 'Anarchy is What States Make of it: The Social

Construction of Power Politics', *International Organization,* 46/2: 391–425.

Wendt, Alexander (1996) 'Identity and Structural Change in International Politics', in Yosef Lapid and Friedrich Kratochwil (eds), *The Return of Culture and Identity in IR Theory* (Boulder, CO: Lynne Rienner).

Wendt, Alexander (1999) *Social Theory of International Politics* (Cambridge: Cambridge University Press).

Wheeler, Stephen and Timothy Beatley (eds) (2004) *The Sustainable Urban Development Reader* (London: Routledge).

Wilkinson, Rorden (2000) *Multilateralism and the World Trade Organization: The Architecture and Extension of International Trade Regulation* (London: Routledge).

Willetts, Peter (2008) 'Transnational Actors and International Organizations in Global Politics', in John Baylis, Steve Smith and Patricia Owens (eds), *The Globalization of World Politics: An Introduction to International Relations* (4th edn, Oxford: Oxford University Press).

Williams, Andrew J., Amelia Hadfield and J. Simon Rofe (2012) *International History and International Relations* (Abingdon: Routledge).

Williams, William Appleman (2011) *The Contours of American History* (2nd edn, London: Verso).

Woodley, Daniel (2015) *Globalization and Capitalist Geopolitics: Sovereignty and State Power in a Multipolar World* (Abingdon: Routledge).

World Bank (1997) *World Development Report: The State in a Changing World* (Oxford: Oxford University Press).

World Bank (2007) *A Guide to the World Bank* (2nd edn, Washington, DC: World Bank).

World Bank (2013) 'Shared Prosperity: A New Goal for a Changing World', 8 May, http://www.worldbank.org/en/news/feature/2013/05/08/shared-prosperity-goal-for-changing-world.

World Bank (2015) 'Poverty: Overview', 7 October, http://www.worldbank.org/

en/topic/poverty/overview.

World Social Forum (2011) 'World Social Forum Charter of Principles', at http://www.choike.org/ documentos/wsf_s111_wsfcharter.pdf.

Wroe, Ann (1991) *Lives, Lies and the Iran-Contra Affair* (London: I. B. Tauris).

Yearwood, Peter J. (2009) *Guarantee of Peace: The League of Nations in British Policy, 1914–1925* (Oxford: Oxford University Press).

Young, Robert (2001) *Postcolonialism: An Historical Introduction* (Oxford: Blackwell).

Yunker, James A. (2011) *The Idea of World Government: From Ancient Times to the Twenty-First Century* (Abingdon: Routledge).

Zartman, I. William (1995) 'Introduction: Posing the Problem of State Collapse', in I. William Zartman (ed.), *Collapsed States: The Disintegration and Restoration of Legitimate Authority* (Boulder, CO: Lynne Rienner).

Zielonka, Jan (2007) *Europe as Empire: The Nature of the Enlarged European Union* (Oxford: Oxford University Press).

图书在版编目(CIP)数据

国际关系：第三版 /（澳）斯蒂芬妮·劳森著；李敏，王玥译. — 北京：商务印书馆，2022
ISBN 978-7-100-20681-5

Ⅰ.①国… Ⅱ.①斯… ②李… ③王… Ⅲ.①国际关系—教材 Ⅳ.①D81

中国版本图书馆CIP数据核字(2022)第021495号

权利保留，侵权必究。

国际关系
（第三版）
〔澳〕斯蒂芬妮·劳森 著
李敏 王玥 译

商 务 印 书 馆 出 版
（北京王府井大街36号 邮政编码100710）
商 务 印 书 馆 发 行
艺堂印刷（天津）有限公司印刷
ISBN 978-7-100-20681-5

2022年1月第1版	开本 710×1000 1/16
2022年1月第1次印刷	印张 13¾

定价：75.00元